MADRES EJEMPLARES

MADRES EJEMPLARES

Recordando un hermoso pasado
en la Casa Hogar "El Buen Pastor".

ELEAZAR BARAJAS

Número de Control de la Biblioteca del Congreso de EE. UU.:   2021900476
ISBN: Tapa Blanda   978-1-5065-3587-6
                   Libro Electrónico   978-1-5065-3588-3

Información de la imprenta disponible en la última página.

Fecha de revisión: 18/01/2021

Para realizar pedidos de este libro, contacte con:
Palibrio
1663 Liberty Drive, Suite 200
Bloomington, IN 47403
Gratis desde EE. UU. al 877.407.5847
Gratis desde México al 01.800.288.2243
Gratis desde España al 900.866.949
Desde otro país al +1.812.671.9757
Fax: 01.812.355.1576
ventas@palibrio.com
824452

ÍNDICE

Reconocimientos ix
Dedicatoria xiii
Agradecimientos xvii
El porqué de este libro xix
Introducción xxv

PRIMERA SECCIÓN: EL GÉNESIS DE LA CASA HOGAR "EL BUEN PASTOR"

Introducción a esta Primera Sección 1
Una Mirada Al Pasado 7
    Una mirada a la ciudad De Pátzcuaro 8
    Don Vasco de Quiroga 11
    Una mirada a la ciudad de Morelia 18
Una reseña del Doctor Alfred Benjamín De Ross 27
Marcando la Diferencia 33

SEGUNDA SECCIÓN: MADRES EJEMPLARES

La Inigualable "Sunta" 41
Introducción a la Segunda sección (I) 43
Antecedentes De la señorita Elena Santiago López 49
El Viaje 57
El encuentro 63
El Gran Día del Mercado 67
Experta Cocinera 71
Distribución de trabajos 77
La disciplina 83

Los devocionales 89
¡Y también los domingos! 95
¡Milagro en la Casa Hogar "El Buen Pastor"! 99
Su descanso 105
Siguió adelante 113
La inigualable "Sunta" 123
Ella Era Toda Una santa 125
Introducción a la Segunda sección (II) 127
Preámbulo 131
Los orígenes de la Señorita Paulsen "Polsiton" 135
    Paul Paulsen Y sus descendientes 136
    La alegría familiar Se desvanece 140
    La tristeza se aumenta 141
El llamado a la Misión de Dios 147
    Pruebas de su llamamiento a la Obra Misionera. ... 148
    Con una clara Visión Misionera 150
    En camino 152
La llegada al internado 157
La despedida 161
El convivio 165
Primer descenso: El cemento 169
Segundo descenso: La separación 173
Tercer descenso: Salidas nocturnas 177
Encuentro y Re-encuentro 183
El perdón: El fruto esperado 187
La "oveja negra" 189
Te volveré a ver 193
    ¡Le creía a Dios! 193
    Nuevamente juntas 194
    Una fe real 196
    ¡Imposible de olvidar! 198
Un canto a Polsiton 201
Dos muestras del legado de la Señorita M. M. Paulsen 207
Conclusión 215

TERCERA SECCIÓN: RECORDATORIOS Y AGRADECIMIENTOS

Hogar De Mis Recuerdos 225

Recordando el ayer con gratitud 227

Finalmente 249

Bibliografía 257

RECONOCIMIENTOS

Conozco al pastor Barajas desde hace aproximadamente tres años. Mi primera impresión que tuve de él fue su humildad, su devoción al servicio de nuestro Señor Jesucristo y el gran conocimiento que tiene acerca de la Palabra de Dios y su historia. Con el tiempo el pastor Barajas se ha convertido en un pilar fundamental en mi crecimiento espiritual, durante el cual me ha enseñado a valorar la importancia de interpretar y aplicar adecuadamente la Palabra de Dios para hacerla realidad en mi vida. Por medio de sus enseñanzas ha logrado despertar en muchos estudiantes algunas destrezas y habilidades mentales para un mejor aprendizaje y análisis personal en la lectura.

El pastor y profesor Barajas ha escrito once libros con temas diferentes aunque su especialidad es el tema devocional, ha escrito cuatro libros devocionales sobre la profecía de Isaías, su libro titulado: *Es tiempo de Adorar* son devocionales matutinos de inspiración ministerial.

Pero también ha escrito sobre consejería bíblica y de superación personal como: *Una Carta a Raquel*. La teología no escapa de sus alcances literarios, pues su libro: *Los Ismos del Reino* es un tratado de escatología bíblica.

Como la historia no se escapa de su visión literaria, ha escrito dos libros sobre la historia del Centro Educativo Indígena con el título: *Diecisiete Años*. Es una historia de una Escuela Bíblica y Misionera en la ciudad de Córdoba, Veracruz, México, en donde el pastor Barajas fue co-fundador y profesor de historia, Biblia y teología, además de enseñar geografía bíblica y Hermenéutica.

Ahora ha escrito este libro también con énfasis en la historia, con motivo del Aniversario 90 de la Casa Hogar "*El Buen Pastor*". El pastor Barajas, comenta que estuvo en la Casa Hogar durante ocho años. Este libro habla de su experiencia como miembro de la Familia de la Casa Hogar pero, su énfasis es exaltar la maravillosa Obra Misionera de dos mujeres que fueron llamadas por Dios para trabajar entre la niñez mexicana, en especial sobre los niños huérfanos del estado de Michoacán y sus alrededores. Bien podría llamarse este libro, como el mismo autor lo dice: *Madres Ejemplares*, pues hace una historia biográfica de las señoritas Elena Santiago y Myrtle May Paulsen. Es un libro inspirador que motiva a cumplir con el llamamiento de Dios aunque las circunstancias no sean favorables.

Cualquiera que lea este libro tendrá una nueva visión o reforzará lo que es el llamado de Dios a la Obra Misionera. Por lo anterior recomiendo su lectura ampliamente.

Doy gracias a Dios por haber puesto a este fiel y amado siervo en mi camino, esperando que el Señor siga utilizándolo en su Reino conforme a su voluntad. Que el amor inagotable y la paz de Cristo sean derramados en su vida:

Elmer Pineda

Conocí al Pastor Eleazar Barajas por el año 2004-2005 cuando tenía muy poco tiempo de haber venido a los pies de Cristo, y comenzar a reunirme en Ministerios Betesda en el Condado de Orange, California, lo pude saludar de mano. Pero, no fue hasta que comencé mis estudios en el seminario que pude llevar una relación más cercana con El. Le conozco desde entonces y mi primera impresión que tuve de él fue que: no sabía que fuera tan buen profesor, mucho menos que tuviera la habilidad para escribir de la forma que lo hace.

Además de ser Pastor en Ministerios Betesda Westminster en la ciudad del mismo nombre también es Profesor en el Seminario Teológico Hispano-Americano en la ciudad de Orange, California. Donde tengo el honor de ser uno de sus estudiantes

El otro ministerio que el Señor le ha concedido al Pastor Barajas es la escritura. Ha escrito once libros con temas diferentes – este es el número doce - aunque su especialidad es el tema devocional, prueba de ello son sus cuatro libros devocionales sobre la profecía de Isaías que tiene el siguiente título: *Los antiguos mensajes del profeta Isaías en verdades contemporáneas.* Su libro titulado: *Es tiempo de Adorar* son devocionales matutinos de inspiración ministerial. La teología, y la consejería son otros de los temas que trata en sus libros y, también la historia biográfica, como los dos tomos que escribió sobre la Escuela Bíblica en Córdoba, Veracruz que tituló: *Diecisiete Años.*

Con motivo del Aniversario 90 de la Casa Hogar *"El Buen Pastor"*, ha escrito este otro libro también con énfasis en la historia biográfica. Es un libro con un buen número de fotografías que certifican lo que el autor está comentado. En este libro relata su experiencia en la Casa Hogar *"El Buen Pastor"* en la ciudad de Morelia, Michoacán, México, aunque hace énfasis en dos mujeres que fueron llamadas por Jesucristo para trabajar entre la niñez desamparada o huérfana de la República mexicana. Son dos mujeres de diferentes nacionalidades y culturas que el Señor las unió en el ministerio de la niñez mexicana a las cuales el autor las nombra: *Madres Ejemplares.*

Recomiendo ampliamente la lectura de este libro. Les dará una nueva visión de lo que es trabajar en el Reino de Jesucristo siendo guiados por el Espíritu Santo.

Mil gracias a mi mentor y amigo por la participación en esta su obra.

En Cristo Jesús:

Martín Olivas

Dedicatoria

A todos los hijos e hijas de la

CASA HOGAR

"El Buen Pastor"

De las ciudades de Pátzcuaro y Morelia, Michoacán, México.

Y a los familiares de ellos y a cada uno de los que han sido participantes con sus oraciones, presencia y ayuda económica.

En Cristo:

Eleazar Barajas

En memoria de:

Myrtle May Paulsen

Y

Elena Santiago López

Mujeres que se convirtieron a la fe evangélica; una en Nueva Zelandia, en el Viejo Continente y la otra en México, en el Nuevo Continente, pero que unieron sus dones, virtudes, gracias y sus vidas para influir en la niñez mexicana, dándoles una razón para vivir y para cumplir el propósito por el cual Dios les permitió ver la luz de este mundo.

Casa Hogar
"El Buen Pastor"
A.C.

"Yo soy el buen pastor; el buen pastor su vida da por las ovejas."
Juan 10:11

Agradecimientos

El salmista David dijo: "Quiero alabarte, Señor, con todo el corazón, y contar todas tus maravillas".[1] Notemos que el salmista dice "con todo el corazón". "Aunque el salmista está en dificultades (v.13) alaba a Dios, no solo con los labios sino 'con todo el corazón'... el salmista lo hace porque Dios es el centro de su vida.... Además de adorarle por lo que ha hecho, el salmista le adora por lo que es, y toda esta adoración es gozosa".[2] Me uno al salmista en este libro. Alabo al Señor "con todo el corazón" y, aunque quisiera contar todas las maravillas que Dios ha hecho en la Casa Hogar *"El Buen Pastor"*, ¡no puedo hacerlo! ¡Son demasiadas y grandes cosas y milagros! Imposibles de contarlas en un libro tan pequeño como este. Lo que sí puedo hacer es darles las gracias a los que me ayudaron en la escritura de este libro.

El agradecimiento mayor es para Dios quien me conservó en la Casa Hogar *"El Buen Pastor"* desde que tenía ocho años de edad hasta que cumplí los diecisiete. Ese buen Dios, al cual

---

[1]   Salmo 9:1, (NVI).

[2]   Daniel Carro, José Tomás Poe, Rubén O. Zorzoli y otros. *Comentario Bíblico Mundo Hispano.* (El Paso, Texas. Editorial Mundo Hispano. 2002), 85.

adoro y alabo "con todo el corazón", me ha permitido vivir hasta ahora - diciembre del año 2020 - para contar por medio de estas páginas algunas de las experiencias vividas en la Casa Hogar *"El Buen Pastor"* en la ciudad de Morelia, al cuidado y educación de las dos grandes *Madres Ejemplares*; de las cuales se habla un poco de ellas y sus ministerios en este libro.

Pues bien, como ya lo he dicho, estoy muy agradecido con mi Dios, al cual amo "con todo el corazón". Pero también estoy muy agradecido con mi hija Elizabeth Barajas P. por su valiosa ayuda en la traducción del material que investigué en el idioma ingles para este trabajo literario.

Estoy en deuda, pero muy agradecido, con Eloísa Enríquez Sixtos, con mi cuñada Noemí Melchor, con Clara María Maldonado Cruz, Lawrence Paulsen por sus aportaciones literarias y fotográficas que me enviaron las cuales hicieron posible este libro. Lawrence Paulsen, me proporcionó casi toda la biografía de la Señorita Paulsen en inglés y Noemí se tomó el tiempo para hacer algunas investigaciones. ¡Gracias por su valiosa ayuda!

Finalmente, le doy infinitas gracias a cada uno de los que aportaron sus fotografías y comentarios que aparecen en este libro. No fue una tarea sencilla pero, sí de mucho valor para mí, pues, mientras escribía estas páginas, volví a mi infancia; volví a mi adolescencia, ¡volví a reflexionar sobre el gran amor de nuestras *Madres Ejemplares*!

Eleazar Barajas
La Habra, California. USA.

Casa Hogar
"El Buen Pastor"
A.C.

"Yo soy el buen pastor; el buen pastor su vida da por las ovejas."
Juan 10:11

EL PORQUÉ DE ESTE LIBRO

"Aquel mismo día, allí en Siquem, Josué hizo un pacto con el pueblo, y les dio leyes y decretos, los cuales escribió en el libro de la ley de Dios. Después tomó una gran piedra y la puso debajo de la encina que estaba en el santuario del Señor, y le dijo a todo el pueblo: —Esta piedra va a servirnos de testimonio, pues ella es testigo de todo lo que el Señor nos ha dicho".
Josué 24:25-27, (DHH).

Josué, después de cumplir con los mandamientos de Dios, ya era un anciano lleno de días y de grandes experiencias con Dios y con el pueblo que logró conquistar la Tierra Prometida. Así que, en su discurso de despedida, con sus casi 110 años de edad, hace un pacto con el pueblo de Israel, un pacto en que Josué "les dio leyes y decretos, los cuales escribió en el libro de la ley de Dios".[3] Josué,

---

³ Josué 24:26, (DHH).

les dijo que "a la luz de todo lo que Dios había hecho a favor de su pueblo deberían de temer a Dios y ser sus siervos sinceros y fieles (24:14). El pueblo prometió 'A Jehová nuestro Dios serviremos y a su voz obedeceremos' (24:24)".[4] Acto seguido, Josué, "tomó una gran piedra y la puso debajo de la encina que estaba en el santuario del Señor, y le dijo a todo el pueblo: —Esta piedra va a servirnos de testimonio, pues ella es testigo de todo lo que el Señor nos ha dicho".[5]

Entonces, pues, ¿por qué escribo esta historia? *Primeramente* debo de confesar que no encontraba si escribir la historia sobre la Casa Hogar *"El Buen Pastor"* o escribir las biografías de las Señoritas Myrtle May Pausen y Elena Santiago López. Y, como tú te darás cuenta al leer este libro, están ambas lecturas intercaladas porque, no quise dejar a un lado las experiencias de las personalidades involucradas en esta historia: las de las *Madres Ejemplares* y las de nosotros en relación a ellas y sus ministerios en la Casa Hogar. Es decir que no hay historia completa de la Casa Hogar *"El Buen Pastor"* sin la presencia histórica- no biográfica, aunque hago mención biográfica - de las dos mujeres que dieron sus vidas, virtudes, dones y sus ambiciones al cuidado y engrandecimiento moral, social, económico y espiritual de la niñez mexicana en los momentos en que más lo necesitábamos. Ellas, ¡nos dieron vida y la razón para vivir!

En segundo lugar, entonces, ¿por qué escribo esta historia? La escribí porque me nació el deseo de plasmar en palabras, en tinta, en fotografías y en papel las experiencias que me hicieron crecer y llegar a ser lo que hoy soy. Las escribí imitando a Josué; él escribió la ley para que el pueblo no se olvidara de Dios y sus mandamientos, yo escribí este libro para que ninguno de los que estuvimos viviendo en la Casa Hogar *"El Buen Pastor"* nos olvidáramos de nuestras *Madres Ejemplares.*

---

[4]   Comentario en la *Biblia de Estudio Esquemática.* (Brasil. Sociedades Bíblicas Unidas. 2010), 349.

[5]   Josué 24:25-27, (DHH).

Por la gracia de Dios y el gran apoyo familiar y espiritual que las *Madres Ejemplares* me brindaron, soy una persona que ama a Dios, que cree en Dios y que le cree a Dios; ese fue uno de los ejemplos que las *Madres Ejemplares* nos legaron. Ante el mundo no soy más que otro ser humano luchando por sobrevivir en la eterna lucha de sobrevivencia juntamente con mis hermanos y hermanas de la Casa Hogar. Entonces, pues, sigo luchando al lado de mi Familia del *"Hogar"* porque, ELLAS, me dieron el ejemplo y el deseo de vivir para ser útil en un mundo cruel y en decadencia.

Escribí esta historia tratando de involucrar a todos los de mi generación y de aquellos que conocí. Los que estuvieron antes y después de que nosotros; y después de que su servidor llegara a la Casa Hogar. Es decir, todos aquellos y aquellas miembros de La Familia del *"Hogar"*. Los que fuimos recibidos con el característico amor de las señoritas Myrtle May Paulsen y Elena Santiago López, en las amables instalaciones de la Casa Hogar *"El Buen Pastor"* en las ciudades de Pátzcuaro y Morelia, Michoacán, México.

La Señorita Elena Santiago López y la Señorita Myrtle May Paulsen con parte de la Familia de la Casa Hogar "El Buen Pastor" en la ciudad de Pátzcuaro, Michoacán, México.

Si he dejado – y de hecho los he dejado - fuera de esta historia a algunos de La Familia del *Hogar* o de sus familiares, no fue mi intención hacerlo. Sería imposible incluir a todos los Hijos de la Casa Hogar en un libro como este. Ahora que la Casa Hogar ha cumpliendo más de Noventa Años de vida activa, esa, ¡sería una larga historia! Les pido perdón a los que he dejado fuera en estas páginas, pero les ruego, por favor, que, aunque no esté su nombre en ellas, siéntanse parte de esta historia, ¿Por qué? ¡Porque ustedes también son parte de esta historia! Ustedes son los "Hermanos" y "Hermanas" que no conocemos y que también son invisibles ante el mundo, pero no para Dios. Ustedes, al igual que nosotros, somos los niños y niñas que recibieron el amor, la paciencia y la gracia de Nuestras *Madres Ejemplares.*

En tercer lugar, como ya lo notaste, en una página anterior, escribo esta historia de la Casa Hogar *"El Buen Pastor"* porque no quiero que las *Madres Ejemplares* que nos alimentaron, que nos dieron la vida y la razón de vivir quede en la oscuridad y en el *Baúl de los Recuerdos* de algunos de nosotros y, sea solamente eso: *Recuerdos.* Creo que al dedicarles este libro a Ellas, a las que nos pusieron el ejemplo de cómo servir a Jesucristo en medio de la adversidad, nosotros, los hijos de la Casa Hogar - como nos llamamos -, hagamos más que recordar. Al escribir lo hago también con el propósito de, no solamente recordar nuestro tiempo en el *"Hogar"* y la relación familiar que tuvimos con las señoritas Myrtle May Paulsen y Elena Santiago López, sino con el fin de que metamos las manos al fuego como Ellas lo hicieron.

¡Ejemplo tenemos de sobra! Basta con que tomes un tiempo para leer y meditar en las palabras y páginas que componen este libro desde la Primera Sección. Si tienes que llorar como yo lo hice más de una vez mientras estaba escribiendo éstas páginas, ¡hazlo! Pero, no te quedes allí llorando – como yo algunas veces lo he hecho -, la Casa Hogar *"El Buen Pastor"* y sus nuevos moradores; es decir, nuestros hermanitos y hermanitas, necesitan tus manos, necesitan tus habilidades, necesitan tu dinero, necesitan tus oraciones: ¡Necesitan Amor y Misericordia! ¡Nos necesitan! Quieren vernos vivir en el ejemplo que tenemos de Nuestras *Madres Ejemplares.*

INTRODUCCIÓN

"El Señor no te dio su amor ni te eligió porque eras una nación más numerosa que las otras naciones, ¡pues tú eras la más pequeña de todas! Más bien, fue sencillamente porque el Señor te ama y estaba cumpliendo el juramento que les había hecho a tus antepasados. Por eso te rescató con mano poderosa de la esclavitud y de la mano opresiva del faraón, rey de Egipto. Reconoce, por lo tanto, que el Señor tu Dios es verdaderamente Dios. Él es Dios fiel, quien cumple su pacto por mil generaciones y derrama su amor inagotable sobre quienes lo aman y obedecen sus mandatos."
Deuteronomio 7:7-9, (NTV).

Cuando reflexionamos sobre el pasado nos damos cuenta de cosas que deberíamos de haber hecho y no las hicimos. Pero también podemos aprender grandes lecciones. Los israelitas, en el desierto de Arabia, mientras peregrinaban con rumbo a la Tierra Prometida aprendieron grandes lecciones. Muchas de ellas están registradas en el libro de Deuteronomio. Así es que, llegando al presente: "El libro de Deuteronomio contiene una lección incalculable para cada uno de nosotros. Dios quiere que recordemos nuestro andar con El, en los altibajos, los triunfos y los fracasos, en lo ordinario y en lo extraordinario. Quiere que recordemos que aun en los momento de dificultad, cuando tal vez habíamos creído que Él estaba lejos, Él siempre estuvo con nosotros, animándonos, dándonos fuerza y motivación para cambiar lo que había que cambiar, y bendiciéndonos a cada paso del camino".[6] Los que estuvimos en la Casa Hogar "El Buen Pastor", estas palabras nos son familiares. Pasamos algunas dificultades, algunas alegrías, algunas decepciones, en ocasiones pensamos que Dios no estaba con nosotros, en otras ocasiones parecía que palpábamos al Señor en cada una de las bendiciones que recibimos. La verdad que experimentamos en "El Hogar",[7] fue que: Dios siempre estuvo con nosotros. Las palabras que Moisés dirigió al pueblo de Israel, cuando les dijo: "El Señor no te dio su amor ni te eligió porque eras una nación más numerosa que las otras naciones, ¡pues tú eras la más pequeña de todas! Más bien, fue sencillamente porque el Señor te ama...",[8] son tan reales en nuestras vidas que parecen palabras dirigidas a cada uno de los miembros de la Familia de la Casa Hogar, pues, éramos niños; éramos personas indefensas y con la gran necesidad de ser amados y, allí, en aquel *Hogar* inolvidable, estaban las *Madres Ejemplares* para amarnos.

Moisés, invita al pueblo a que reflexione sobre su relación con Dios; le invita a que piense en lo grande y maravilloso que es el Señor con aquellos que Él ha elegido, aunque sea un pequeño niño o niña, para amar. Así es que, Moisés, le dice a Israel: "Reconoce, por lo tanto, que el Señor tu Dios es verdaderamente Dios. Él es Dios fiel, quien cumple su pacto por mil generaciones y derrama su amor inagotable sobre quienes lo aman y obedecen sus mandatos".[9] El Señor Todopoderoso siempre ha estado muy pendiente de las necesidades de cada uno de los miembros de la Familia del "Hogar". ¡Él ha sido fiel!

---

[6]   Charles F. Stanley. *Biblia: Principios de Vida.* (Nashville, Tennessee. Grupo Nelson, Inc. 2010), 189.

[7]   "*El Hogar*", es una expresión que los exalumnos de la Casa Hogar el Buen Pastor usamos para referirnos a esa amada institución.

[8]   Deuteronomio 7:7, (NTV).

[9]   Deuteronomio 7:9, (NYV).

Una lectura rápida del libro de Deuteronomio nos muestra que este libro "perpetua la tradición de Éxodo en el sentido de que era una práctica usual de Moisés de dejar directamente registrados los hechos, los estatutos y otros materiales",[10] con el fin de que el pueblo nunca se olvidara del Señor que los había sacado de la esclavitud de Egipto. Experiencias como esas, nunca deben de olvidarse. Experiencias como las que pasamos en la Casa Hogar "*El Buen Pastor*", tanto en la ciudad de Pátzcuaro como en la ciudad de Morelia, ambas en el estado de Michoacán, México, ¡nunca se deben de olvidar! Esta es parte de la razón por la cual se escribió este libro; ¡para no olvidar la buena mano de Dios sobre nosotros en la Casa Hogar!

Como se ha dicho en una de las páginas de este libro: "se podrían escribir varios tomos sobre la historia y las experiencias vividas en la Casa Hogar "*EL Buen Pastor*". Estamos pues haciendo mención de una historia de más de cien años. Parte de esta historia se ha perdido. Con los datos y fotografías que se han podido recopilar, y les pido perdón por no hacer una investigación más profunda, se ha podido escribir este sencillo pero muy significante libro para cada uno de los que tuvimos el privilegio de vivir en la Casa Hogar, ya fuera en la ciudad de Pátzcuaro, o en la ciudad de Morelia.

En este escrito, se notará una especie de ajedrez o damas chinas en donde las piezas históricas y biográficas se mueven de un lado para otro en el tablero que compone este libro. Es casi imposible separar lo que es la historia de la Casa Hogar con los datos históricos y biográficos de los personajes misioneros, administrativos y educandos que fueron parte de La Familia del "*Hogar*". Además, el autor no quiso hacer solo una biografía de alguno o alguna de los protagonistas, pues este libro se escribió con motivo del **90 *Aniversario*** de la Casa Hogar, así

---

[10]   Roland Kenneth Harrison. *Introducción al Antiguo Testamento: Volumen 2: El Pentateuco: Los Profetas Anteriores.* Td. Pedro Vega. (Jenison, Michigan. The Evangelical Kiterature League. 1993), 176.

que, habría que intercalar historia, biografías, fotografías, eventos y sentimientos.

Entonces, pues, este libro se compone de Tres Secciones o partes. Aunque las fotografías no estén de acuerdo a las Secciones, de cualquier manera en cada una de ellas se escriben algunas palabras que dicen el significado de la fotografía. Las Secciones que componen este libro son:

Primera Sección: *La Casa Hogar "El Buen Pastor"*. En esta primera parte de este libro se hace una historia de los orígenes del *Hogar* o fundación de la Casa Hogar "El Buen Pastor".

Segunda Sección: *Madres Ejemplares*. El autor habla un poco de las personas y unas sencillas biografías de los y las misioneros(as) que Dios usó, tanto para la fundación de la Casa Hogar, como para ayudar en el cuidado y la educación de los niños y niñas huérfanas que año con año llegaron a formar parte de La Familia del "*Hogar*", en las ciudades ya citadas.

En esta Sección se da un amplio margen a las dos mujeres que se convirtieron en las: **Madres Ejemplares** de cientos de indefensos y necesitados bebés, y de niños y niñas que fueron abandonados por sus padres o madres o que, habían quedado huérfanos de uno o de otro, o de ambos.

Una de ellas fue la incansable e inigualable "*Sunta*": La Señorita **Elena Santiago López**. La *Madre Ejemplar* que caminaba de un lado para otro todo el día y parte de la noche, siempre viendo en cómo ayudar a cada uno de los miembros de La Familia del "*Hogar*". ¡Era una Madre incansable e inigualable!

La misionera que era *Ella toda una santa*: La Señorita **Myrtle May Paulsen,** es la otra *Madre Ejemplar*. Una *Madre Ejemplar* que consumió su vida, como una vela lo hace, poco a poco pero siempre dando su luz. Fueron más de sesenta años que, por amor a la niñez mexicana, esta Madre se consumió hasta el último día de su vida siempre mostrando un amor incomprensible.

Tercera Sección: *Recordatorios y Agradecimientos*. En esta Tercera Sección, se presentan algunas de las fotografías y palabras de agradecimiento de algunos y algunas de los miembros de La Familia de la Casa Hogar: *"El Buen Pastor"*. Es una Sección en la que se pueden leer algunos recordatorios de las vivencias en "El Hogar de los Recuerdos".[11]

---

[11]   Lea el Himno: *"Hogar de mis recuerdos"* en el inicio de la Tercera Sección.

Casa Hogar
"El Buen Pastor"
A.C.

"Yo soy el buen pastor; el buen pastor su vida da por las ovejas."
Juan 10:11

PRIMERA SECCIÓN:

EL GÉNESIS DE LA

CASA HOGAR
"El Buen Pastor"

INTRODUCCIÓN A ESTA PRIMERA SECCIÓN

"Pague por ver" fue una de las atracciones televisivas de fama mundial, hasta el 27 de octubre de 2018, la Cadena HBO dejó de trasmitir peleas de box en esta línea. HBO comenzó a transmitir las peleas de box en la sección "Pague por ver" en la que tuvo resultados asombrosos como por ejemplo, con la pelea de "revancha entre el mexicano Saúl 'Canelo' Álvarez y Kazajo Gennady Golovkin, la cual obtuvo una venta de 1.1 millones de peticiones para ver la pelea con una ganancia superior a los 94 millones de dólares".[12] Estos eventos televisivos en la cadena HBO comenzaron en 1973. Así que: "Después de 45 años y más de 1,000 peleas transmitidas, la cadena HBO anunció"[13] en septiembre de 2018 que dejaría de cubrir el boxeo a finales del año 2018.

Mientras que la cadena HBO paró sus programas televisivos, Motorola Inc., "una empresa estadounidense especializada en la electrónica y las telecomunicaciones, establecida en Schaumburg, Illinois, en las afueras de Chicago",[14] con gran pompa y "rebajas en algunos de sus aparatos y accesorios"[15] celebró sus 90 años como compañía. De acuerdo a la historia

---

[12] El Nuevo Día. *HBO no transmitirá más carteleras de box: El canal de TV inició cobertura en 1973: la última será el 27 de octubre.* (Los Ángeles, California. Periódico La Opinión: Sección Deportes. Viernes 28 de septiembre de 2018), 29. Laopinion.com

[13] El Nuevo Día. *HBO no transmitirá más carteleras de box: El canal de TV inició cobertura en 1973: la última será el 27 de octubre.* (Los Ángeles, California. Periódico La Opinión: Sección Deportes. Viernes 28 de septiembre de 2018), 29. Laopinion.com

[14] Wikipedia: La enciclopedia Libre. *Motorola.* (La Habra, California. Internet. Consultado el 29 de septiembre de 2018), ¿? https://es.wikipedia.org/wiki/Motorola

[15] Redacción. *Motorola celebra 90 años.* (Los Ángeles, California. Periódico La Opinión: Sección: Para ti Tecnología. Viernes 28 de septiembre de 2018), 19 laopinion.com

de Motorola Inc.: "En Chicago, el 25 de septiembre de 1928, los hermanos Paul y Joseph Galvin incorporaron la compañía fundadora de Motorola, Galvin Manucfacturing Corporation, con un solo producto y cinco empleados".[16] Solamente tenían un capital de $ 565.00 dólares en efectivo.

En este mes de agosto del año 2019, nosotros, los hijos de la Casa Hogar *"El Buen Pastor"* de las ciudades de Pátzcuaro y Morelia, Michoacán, México, también celebramos los 90 Años de existencia de esta hermosa institución. Un hogar para niños y niñas huérfanas al cien por ciento o parcialmente que, a pesar de grandes dificultades políticas, sociales y económicas, con el aspecto espiritual hemos podido sobrevivir en estos Noventa Años en el territorio del estado de Michoacán, y otros estados de la República mexicana y fuera de ella.

La cadena HBO pasó a la historia, Motorola ha sufrido cambios increíbles así como sus pérdidas económicas. De acuerdo a la Wikipedia, Motorola y sus divisiones comerciales, "En el primer trimestre de 2009, tuvo pérdidas de US$190 millones y gastó 1 300 millones de dólares de sus reservas de efectivos",[17] en cambio, la Casa Hogar *"El Buen Pastor"* de la ciudad de Morelia continua sin deudas, sin un capital monetario seguro pero que, aún sigue enriqueciendo las vidas de los pequeños y pequeñas personitas mexicanos que, en la historia de esta institución nosotros, los que ahora celebramos el *90 Aniversario de la Casa Hogar "El Buen Pastor",* también fuimos enriquecidos de la misma manera en que hoy, agosto de 2019 se lleva a cabo.

"Pague por ver", aunque lo tome otra cadena televisiva y aunque trabaje con personas, será, como lo ha sido, un medio de

16   Redacción. *Motorola celebra 90 años.* (Los Ángeles, California. Periódico La Opinión: Sección: Para ti Tecnología. Viernes 28 de septiembre de 2018), 19 laopinion.com

17   Wikipedia: La enciclopedia libre. *Motorola.* (La Habra, California. Internet. Consultado el 29 de septiembre de 2018), ¿? https://es.wikipedia.org/wiki/Motorola

entretenimiento, por cierto muy caro. Motorola, o lo que queda de ella en el mercado mundial, se enfoca en las necesidades electrónicas básicas y especializadas que la gente necesita para su comodidad vivencial. La Casa Hogar *"El Buen Pastor"*, también se enfoca en las personas, pero, a diferencia de las cadenas televisivas y lo electrónico, su enfoque es el desarrollo intelectual, moral, social y espiritual de cada niño o niña que vive dentro de sus puertas; su valor laboral es superior, pues no entretiene ni le hace fácil su vivir a los que pasan por sus instalaciones sino que, a cada uno de estos pequeños les enseña los valores cristianos que les ayudarán a formar un carácter y un *Modus Vivendus* en un mundo afanado por un lado y por el otro despreocupado de todo aquello que es importante para el ser humano.

Su Misión y Visión son claramente enfocadas a la ayuda, a la formación y a la capacitación de personas que no solamente sobrevivan en los "corredores" de sus localidades, sino que sean personas sobresalientes, sobre todo en lo espiritual e intelectual en cualquier lugar de este mundo. La Misión y Visión de las principales protagonistas de la Casa Hogar; a las que consideramos como *Madres Ejemplares*, siguen vigentes; ahora, la nueva directora: *Eloísa Enríquez Sixtos*, les ha dado mucha importancia a estos principios misionales.

MISIÓN

De la Casa Hogar "El Buen Pastor"

Ayudar, asistir y capacitar a grupos vulnerables amparados en la "Casa Hogar El Buen Pastor A.C." para integrarlos a la sociedad positivamente con principios fundamentados en la Biblia.

VISIÓN

De la Casa Hogar "El Buen Pastor"

La "Casa Hogar El Buen Pastor A.C., continuará en la formación de niños y niñas para su integración positiva en su familia y en la sociedad.

"Instruye al niño en su camino y aun cuando fuere viejo no se apartará de él"
Proverbios 22:6

Este libro, en realidad son tres libros en resúmenes; ampliar cada uno de ellos serían demasiadas páginas y tal vez hasta aburridas lecturas para nosotros como hispanos; somos gente tan ocupada, o despreocupada, que todo lo queremos de una manera rápida y concisa. Esto es precisamente lo que traté de hacer con este libro: algo rápido de lectura y datos precisos.

El ultimo patio en la casa Hogar "el Buen pastor" en la ciudad de Pátzcuaro antes de llegar al cerrito. En el fondo se ve la "Casita de Oración".
Fotografía tomada en los años cincuenta.

La señorita M.M. Paulsen y Miss Guipson con la Familia en la Casa Hogar "El Buen Pastor" en la ciudad de Pátzcuaro, Michoacán, México. 1957.

UNA MIRADA AL PASADO

Como se ha hecho énfasis en el contenido de este libro, comenzamos esta Primera Sección haciendo un poco de la historia de la Casa Hogar *"El Buen Pastor"* en las ciudades de Pátzcuaro y Morelia en el estado de Michoacán. En la Segunda Sección: *Madres Ejemplares*, que es el tema central de este libro, trata sobre mi experiencia en la Casa Hogar. En esta Sección hago mención de las biografías, por cierto, muy resumidas y de las actividades tanto de la Señorita Elena Santiago López como de la Señorita Myrtle May Paulsen a quien he llamado: Madres Ejemplares.

Pues, bien, en esta Primera Sección, se hace una breve historia; es una historia a grandes rasgos de la fundación del *"Hogar"* que tiene por nombre: Casa Hogar *"El Buen Pastor"*. Una vez más les recuerdo que al hacer la historia de esta hermosa institución no se puede dejar fuera de ella, aunque sea solo mencionarlas, a quienes en este libro son llamadas: *Madres Ejemplares*. Además, por supuesto, se hace mención de los personajes que les ayudaron en la ardua tarea del inicio de la institución, y del cuidado y educación de la niñez mexicana.

UNA MIRADA A LA CIUDAD
DE PÁTZCUARO

Pátzcuaro, la bella ciudad fundada en el estado de Michoacán de Ocampo en la República mexicana, situada en el antiguo valle de nombre Pázquaro. Fue una de las primeras ciudades que fundaron los indígenas purépechas, hacia el año 1300 d.c. La tradición cuenta que fue fundada por Curatame y que luego fue convertida en el centro religioso y ceremonial del pueblo purépecha por Tariácuri.

"El único indicio que existe para tener una idea acerca de la fundación de Pátzcuaro, se encuentra en la famosa "Relación" rendida al Virrey Don Antonio de Mendoza. En ella se sostiene que los caciques chichimecas Páracume y Vápeani los segundos hijos de Curátame, nietos del primer Vápeane, bisnietos del primer Páracume y tataranietos de Sicuracha, encontraron asiento para su tribu en el barrio de Pázquaro llamado Tarimichundiro".[18]

En Tarimichundiro iniciaron la construcción de la actual ciudad de Pátzcuaro, Michoacán. Es decir que, la ciudad de Pátzcuaro fue una de las primeras ciudades que fundaron los indígenas purépechas. Esta tribu, tiene su comienzo histórico en Iré-Ticáteme, un cacique que vivía en Zacapu, Michoacan, lugar del cual emigraron hacía la región de Tarimichundiro, en el barrio de Pázquaro y allí, alrededor del año 1300 d.C. fundaron la ciudad de Pátzcuaro, Michoacán.

Sin embargo, la tradición cuenta que la ciudad de Pátzcuaro fue fundada por Curatame y que luego fue convertida en el centro religioso y ceremonial del pueblo purépecha por Tariácuri".[19]

---

[18]   Wikipedia, la enciclopedia libre. *La fundación de Pátzcuaro.* (La Habra, California. Consultado el 20 de septiembre de 2018), ¿? https://es.wikipedia.org/wiki/P%C3%Altzcuaro

[19]   Wikipedia, la enciclopedia libre. La fundación de Pátzcuaro. (La Habra, California. Consultado el 20 de septiembre de 2018), ¿? https://es.wikipedia.org/

Otra idea es que la ciudad de Pátzcuaro fue fundada en el año 1360. Este año señala "la muerte de Parácume y Vápeani, por lo que se supone que la fundación de Pátzcuaro, debe haber tenido lugar alrededor del año 1324".[20]

Según la historia de los indígenas tarascos, el reinado tarasco se inaugura con Tariácuri, primer cacique a quien se aplicó el título de Caltzontzin, equivalente al de monarca, esto se realiza en Pátzcuaro; de esta manera, Pátzcuaro se convierte en la primera capital de los tarascos. En 1553 d.C., Pátzcuaro obtuvo la confirmación del título de Ciudad y su escudo de armas.

De acuerdo a la interpretación morfológica de Salvador Garibay Sotelo, el término indígena de esta ciudad era Pásquaro. Este término está "formado por pás-, radical del verbo páscani, 'teñir de negro'; -qua-, radical de -quare- actualmente escrito -kuarhe-, es una partícula que se incorpora en los verbos antes de la terminación del infinitivo para hacerlo reflexivo; y, -ro, sufijo determinativo de lugar, con el significado de 'lugar donde se hace la negrura'. Recordemos que los michhuaques consideraban a los lagos la puerta de entrada a su cielo 'el inframundo' a donde iban las almas de los muertos, conducidos por un perro (una nutria, llamada también el perro del agua), a reencontrarse con la divinidad. Su interpretación morfológica 'Donde están las piedras (los dioses) a la entrada de donde se hace la negrura', podemos por extensión darle también la interpretación de 'La puerta del cielo' o bien 'La entrada al paraíso.'"[21]

wiki/P%C3%A1tzcuaro

[20] Wikipedia, la enciclopedia libre. La fundación de Pátzcuaro. (La Habra, California. Consultado el 20 de septiembre de 2018), ¿? https://es.wikipedia.org/wiki/P%C3%A1tzcuaro

[21] Wikipedia, la enciclopedia libre. *La fundación de Pátzcuaro*. (La Habra, California. Consultado el 20 de septiembre de 2018), ¿? https://es.wikipedia.org/wiki/P%C3%A1tzcuaro

Hoy se afirma que "Su significado en Purépecha es "Puerta del Cielo", - porque - en aquel entonces se creía que por ahí estaba la puerta del cielo por donde subían y descendían sus dioses, siendo la entrada al Paraíso".[22]

---

[22]   Pátzcuaro. *Historia de la Fundación de Pátzcuaro, Michoacán.* (La Habra, California. Internet. Consultado el 21 de septiembre de 2018), ¿? http://mansioniturbe. blogspot.com/2014/09/historia-de-la-fundacion-de-patzcuaro.html

DON VASCO DE QUIROGA

Uno de los personajes extranjeros que se destaca en los inicios de la ciudad de Pátzcuaro, Michoacán, México, fue Don Vasco de Quiroga.

Don Vasco de Quiroga

A la llegada de los españoles a la ciudad de Pátzcuaro, los habitantes de esta ciudad, en su mayoría, huyeron a las montañas dejando la ciudad casi vacía. Los rumores de las crueldades de los que eran considerados, por algunos indígenas, los demonios blancos, les atemorizaron y huyeron hacia las montañas. Una de las famosas historias guerreras de ese tiempo es la historia de la Capilla del Humilladero. Esa historia cuenta que: A la llegada de los españoles a Michoacán, en Pátzcuaro, los chichimecas y los tarascos se refugiaron en esta ciudad con actitud de resistencia. No aceptaban su rendición.

Los chichimecas y los tarascos se hicieron fuertes; tomaron las armas y se defendieron de los invasores en un lugar que, en la actualidad, es un barrio conocido como *"Barrio Fuerte"*.

Cuando por fin los españoles llegaron y tomaron el control de la ciudad, en la capilla del Cristo, iglesia edificada por Don Vasco de Quiroga, fue en donde se realizó la entrevista supuestamente pacífica entre el cacique Tanganxoan II[23] y el conquistador español Cristóbal de Olid.[24]

El licenciado Eduardo Ruíz, haciendo referencia a este encuentro, señala que "apeóse de su caballo el jefe español y tendió sus brazos al monarca más éste apresuró el paso e hincó una rodilla en presencia del extranjero. Mudos y pasmados contemplaban este acto de humillación los millares de espectadores. Aún hoy en día, él sitio en que se verificó el encuentro conserva el nombre de 'El Humilladero'."[25]

Las intervenciones españolas desajustaron la vida social de los tarascos, por ejemplo, "En 1526, llega Nuño de Guzmán como Presidente de la Audiencia y comete innumerables crímenes, que culminaron con el tormento y muerte de Taganxoan II, último Caltzontzin tarasco. Ante esto, los habitantes de Michoacán y principalmente de Pátzcuaro, huyeron aterrorizados a las

---

[23]   Wikipedia, la enciclopedia libre. *Tangáxoan Tzíntzicha o Tangáxoan II* (¿?-1529) fue el último cazonci cultura Purépecha-Uacúsecha que gobernó Tzintzuntzan en la región de la Meseta Purépecha, territorio ubicado en el centro del actual estado mexicano de Michoacán.… Tocó a este personaje enfrentar la llegada de los españoles liderados por Cristóbal de Olid, ante los que se rindió en 1522, para de esta manera, evitar una derrota como la sufrida por los mexicas en Tenochtitlan… Los purépechas o tarascos juraron obediencia a la corona española y sellaron un pacto de paz… Una estatua que representa a Tangáxoan se encuentra en el Libramiento de Pátzcuaro, salida a Morelia. (La Habra, California. Internet. Consultado el 21 de diciembre del 2020), ¿? https://es.wikipedia.org/wiki/Tang%C3%A1xoan_Tz%C3%ADntzicha

[24]   Wikipedia, la enciclopedia libre. *Cristóbal de Olid*. Nació en Linares, Andalucía, Corona castellana, en 1488 y murió en Naco, Virreinato de Nueva España, Imperio español, en 1524. Fue un explorador y conquistador español que participó en la conquista de México y de Honduras… También participó en la campaña contra los purépechas. Fue nombrado capitán de la guarnición de Coyoacán en el sitio de Tenochtitlan, desempeñando un papel fundamental en la captura de Xochimilco. Después de la conquista de esta ciudad se casó con una princesa mexica, hermana de Moctezuma II. (La Habra, California. Internet. Consultado el 21 de diciembre del 2020), ¿? https://es.wikipedia.org/wiki/Crist%C3%B3bal_de_Olid

[25]   Pátzcuaro. *La historia de la ciudad d Pátzcuaro*. Datos de: Fuente: Enciclopedia de los Municipios de México. (La Habra, California. Internet. Consultado el 20 de septiembre de 2018), ¿? http://mansioniturbe.blogspot.com/2014/09/historia-de-la-fundacion-de-patzcuaro.html

montañas y la región quedó despoblada".[26] Fue Don Vasco de Quiroga el personaje que, en varias ocasiones, a costas de sus bienes económicos reconstruyó la ciudad de Pátzcuaro.

Después de la conquista sobre los tarascos: "En 1538, siguiendo el proceso de la conquista militar-espiritual, ya establecidos los españoles en la antigua capital tarasca, se fundó el Obispado de Michoacán, siendo el primer Obispo Don Vasco de Quiroga".[27] Para el año 1540, siendo dirigidos por Don Vasco de Quiroga, se inició el repoblamiento de la ciudad de Pátzcuaro. "Fue por toda su labor episcopal, que algunos historiadores consideran a Vasco de Quiroga el "verdadero fundador de Pátzcuaro".[28] De esta fecha data también la fundación del Colegio de San Nicolás Obispo.

Quiroga, no solamente re-pobló a Pátzcuaro y fundó el Colegio de San Nicolás Obispo, sino que construyó otros centros Cívicos y edificios como

Antiguo Colegio de San Nicolás Obispo. Pátzcuaro, Michoacán, Méx.

el Hospital de Santa Fe; dedicado exclusivamente a indígenas.

---

[26]   Pátzcuaro. *La historia de la ciudad de Pátzcuaro.* Datos de: Fuente: Enciclopedia de los Municipios de México. (La Habra, California. Internet. Consultado el 20 de septiembre de 2018), varias páginas.

[27]   Pátzcuaro. *La historia de la ciudad d Pátzcuaro.* Datos de: Fuente: Enciclopedia de los Municipios de México. (La Habra, California. Internet. Consultado el 20 de septiembre de 2018), varias páginas.

[28]   Pátzcuaro. *La historia de la ciudad d Pátzcuaro.* Datos de: Fuente: Enciclopedia de los Municipios de México. (La Habra, California. Internet. Consultado el 20 de septiembre de 2018), varias páginas.

También "fundó una casa de cuna, salvación de niños indígenas a los que sus madres ahogaban al nacer porque era tal su miseria que no tenían para alimentarlos".[29]

Don Vasco de Quiroga: "Llevó a cabo las construcciones de otros templos. Puede decirse que casi todos los templos y conventos que se encuentran en la ciudad de Pátzcuaro fueron construidos o dirigidos por Don Vasco de Quiroga. Abrió calles, construyó fuentes públicas y fue el verdadero constructor de Pátzcuaro".[30]

La envidia de sus oponentes no se hizo esperar. Se acusó de ser abusivo con los indígenas purépechas al ponerlos a trabajar en las construcciones que realizaba. "Aún en la actualidad hay escritores que han contribuido a falsear la historia de Michoacán, los que acusan a Don Vasco de haberse manejado con los indios como un negrero.

Sin embargo, Don Vasco siempre defendió a los indígenas de los abusos de los españoles, y gastaba todos sus recursos personales en mejorar su vida".[31]

Siguiendo la ley de la vida, el tiempo se le agotó a Don Vasco y "en una visita a Uruapan, le sorprendió la muerte en la tarde del miércoles 14 de marzo de 1565, a los 95 años de edad y 27 de episcopado. Su cuerpo fue traído a Pátzcuaro y sepultado en lo que entonces era la Catedral, en la actualidad es la Iglesia de la Compañía".[32]

29   Pátzcuaro. *La historia de la ciudad d Pátzcuaro.* Datos de: Fuente: Enciclopedia de los Municipios de México. (La Habra, California. Internet. Consultado el 20 de septiembre de 2018), ¿? https://en.wikipedia.org/wiki/P%C3%A1tzcuaro

30   Pátzcuaro. *La historia de la ciudad d Pátzcuaro.* Datos de: Fuente: Enciclopedia de los Municipios de México. (La Habra, California. Internet. Consultado el 20 de septiembre de 2018), varias páginas.

31   Pátzcuaro. *La historia de la ciudad d Pátzcuaro.* Datos de: Fuente: Enciclopedia de los Municipios de México. (La Habra, California. Internet. Consultado el 20 de septiembre de 2018), varias páginas.

32   Pátzcuaro. *La historia de la ciudad d Pátzcuaro.* Datos de: Fuente: Enciclopedia de los Municipios de México. (La Habra, California. Internet. Consultado el 20 de septiembre de 2018), varias páginas

La historia continua y otros personajes de renombre aparecen en la historia de la ciudad de Pátzcuaro como Gertrudis Bocanegra de Lazo de la Vega, quien es considera la Heroína de Pátzcuaro (1765-1818). Don Manuel García Pueblita (1822-1865). Un militar que llegó a ser gobernador de Michoacán en 1864. Alfredo Zalce (1908-2003). Un nativo de Pátzcuaro. Fue Maestro de las misiones culturales en los años 30's. Fue Director de la Escuela Popular de Bellas Artes de la Universidad Michoacana de San Nicolás de Hidalgo. Antonio Arriaga Ochoa (1911-1974). También nacido en Pátzcuaro y murió en la ciudad de México. Se graduó de la Universidad de San Nicolás de Hidalgo y fue juez, magistrado del Tribunal Superior, jefe del Departamento Jurídico del Gobierno y Procurador General de Justicia de Michoacán. Raúl Arreola Cortés (1917-). Este es uno de los últimos destacados en la ciudad de Pátzcuaro. Profesor (1944) de la Escuela Normal Urbana Federal de Morelia, maestro (1964) de la Facultad de Altos Estudios "Melchor Ocampo" de la Universidad Michoacana, y licenciado y maestro en historia de la Facultad de Filosofía y Letras de la UNAM. Hasta 1970, el Profesor Arreola era Director General Técnico de Internados de Primera Enseñanza y de Educación Indígena (1969-1970).[33]

Entre todos estos personajes, muy afuera de la política y la educación secular llegó a la ciudad de Pátzcuaro una extranjera a la cual no se le menciona en las crónicas de la ciudad, pues sus fines no eran políticos, aunque sí educativos pero, no meramente en lo secular aunque promovió dichos estudios en cada uno de los que atendió y cuidó. Esta extranjera llegó con una misión de amor; con una visión de exaltación y con una pasión que la hizo entregarse al cien por ciento al llamado que Dios le había hecho en su tierra natal.

Esta extranjera de la que estoy comentando nació el 23 de mayo de 1903 en Otorohanga, Nueva Zelandia y llegó a

[33] Pátzcuaro. *La historia de la ciudad d Pátzcuaro.* Datos de: Fuente: Enciclopedia de los Municipios de México. (La Habra, California. Internet. Consultado el 20 de septiembre de 2018), varias páginas

16   ELEAZAR BARAJAS

México en 1929 cuando tenía 26 años de edad. Si Don Vasco
de Quiroga, quien era un extranjero entre los purépechas y los
tarascos, se preocupó por la niñez de la ciudad de Pátzcuaro y
por eso fundó la "*Casa de Cuna*", cientos de años después, es
decir 364 años después de la muerte de Don Vasco de Quiroga,
llegó a la misma ciudad la señorita que Dios había llamado para
la Obra Misionera en México. Llegó casi con el mismo propósito
de Don Vasco: ayudar a la gente más desprotegida de la ciudad
y sus alrededores; los niños y niñas mexicanos.

La extranjera neozelandesa, de cuerpo delgado, de hermoso
semblante y ojos azules, fue la Señorita *Myrtle May Paulsen*.
Ella fue una de las *Madres Ejemplares* de la Casa Hogar "*El
Buen Pastor*".

En el año 2002, la ciudad de Pátzcuaro llegó a ser uno de los
pueblos mágicos. La idea de las autoridades al nombrar a ciertos
pueblos con este nombre es para resaltar el valor turístico del
pueblo. De esta manera, "Un Pueblo Mágico es una localidad
que tiene atributos simbólicos, leyendas, historia, hechos
trascendentes, cotidianidad, en fin MAGIA que emana en cada
una de sus manifestaciones socio - culturales, y que significan
hoy día una gran oportunidad para el aprovechamiento
turístico.[34] La obra que realizó la señorita Myrtle May Paulsen
en Pátzcuaro, Michoacán, junto con la señorita Elena Santiago
López, otra de las *Madres Ejemplares* de la que relataremos un
poco de su biografía y sus actividades en la Casa Hogar, la obra
de Ellas, no tiene un estilo de magia en ese sentido que se les
da a algunos pueblos, es decir, su Labor Misional era más allá
de un arte turístico y de "magia". Más bien, su misión y visión
fueron de un estilo Moral y socio/espiritual. Misión y visión
que fueron empapadas de un amor sin igual e incomprensible.

---

[34]   Pátzcuaro. *La historia de la ciudad de Pátzcuaro*. Datos de: Fuente: Enciclopedia
de los Municipios de México. (La Habra, California. Internet. Consultado el 20 de
septiembre de 2018), varias páginas

La Familia de la Casa Hogar "*El Buen Pastor*" en la
ciudad de Pátzcuaro, Michoacán, México.
1945.

UNA MIRADA A LA CIUDAD DE MORELIA

La antigua ciudad de Valladolid, hoy Morelia, "fue fundada el 18 de mayo de 1541 por Juan de Alvarado el viejo, Juan de Villaseñor y Luis de León Romano, por mandato del primer virrey de la Nueva España, Antonio de Mendoza y Pacheco.

"Antonio de Mendoza nació en Granada, en 1490 y murió en Lima, Perú en 1552. Fue Primer virrey de Nueva España (1535-1550). Hijo de Íñigo López de Mendoza, conde de Tendilla y marqués de Mondéjar, Antonio de Mendoza y Pacheco entró desde muy joven al servicio de la corte, y durante la guerra de las Comunidades apoyó al emperador Carlos V, quien lo recompensó con el título de comendador de la Orden de Santiago.

En 1535, tras haber sido embajador en Hungría, fue designado primer virrey de Nueva España. Con el objetivo de reforzar el poder real, amenazado por los abusos de la Audiencia, se trasladó a México y se enfrentó a Hernán Cortés, que hasta entonces había actuado de manera independiente, forzándole a regresar a España. A continuación emprendió una serie de reformas que Carlos V consideraba necesarias para asentar el gobierno de España, como el censo de la población, la reorganización de la Administración, la reducción de los tributos a la población indígena, etc. En el campo cultural se ha de destacar la creación del Colegio Imperial de Santa Cruz en Tlatelolco, la Universidad de México (1545) y la introducción de la imprenta…. Fundó las ciudades de Guadalajara y Valladolid. En 1549 fue nombrado virrey de Perú, cargo del que tomó posesión en 1551 y que apenas llegó a ejercer, pues falleció el año siguiente".[35]

---

[35]   Biografías y Vidas: La enciclopedia biográfica en línea. *Antonio de Mendoza*. (La Habra, California. Internet. Consultado el 21 de diciembre del 2020), ¿? https://www.

Mucho tuvo que ver la labor de Don Vasco de Quiroga en la fundación de esta ciudad de Morelia. Su huella está en cada rincón de la ciudad. "El nombre de Morelia en la época prehispánica fue Guayangareo, en la época virreinal primeramente recibió el nombre de Ciudad de Mechuacán, que cambió en 1545 por ciudad de Valladolid en honor a la ciudad homónima en España. En 1828 cambió de nombre por Morelia en honor al héroe de la independencia de México José María Morelos y Pavón, quien nació en esta ciudad".[36] Habiendo nacido en esta ciudad el generalísimo José María Morelos y Pavón, mano derecha del cura Miguel Hidalgo, la ciudad de Morelia cobra historia. Y, hoy, con el 90 Aniversario de la Casa Hogar *"El Buen Pastor"*, Morelia, ¡cobra más historia!

Hoy, Morelia es conocida por sus canteras rosas y su majestuoso Acueducto. Esta majestuosa obra llamada el Acueducto pasa muy cerca de la Institución que en el mes de Agosto de 2019, se celebró el culto de su 90 Aniversario. Estos años son contados desde que la Casa Hogar *"El Buen Pastor"*, se inició en la ciudad de Pátzcuaro, Michoacán, México.

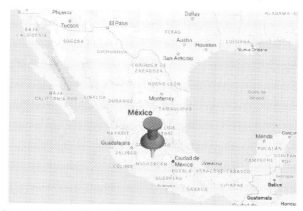

Localización de la ciudad de Morelia en el Estado de Michoacán, México.

biografiasyvidas.com/biografia/m/mendoza_antonio.htm

[36] Wikipedia: La enciclopedia libre. *Morelia.* (La Habra, California. Internet. Consultado el 23 de noviembre de 2018), 1 https://es.wikipedia.org/wiki/

La Casa Hogar no pudo tener mejor lugar que la ciudad de Morelia, Michoacán, pues es una ciudad artesanal; sus artesanías se remontan a una historia milenaria. Morelia cuenta "con su privilegiada catedral que está entre las más majestuosas del mundo".[37] Aunque, quizás, sea la única ciudad de la República mexicana que no cuenta con un Zócalo.

Se cuenta que, los que tenemos el privilegio de caminar por las calles de la ciudad de Morelia, caminamos por los mismos caminos, calles, avenidas y hermosos parques por los cuales los habitantes del siglo XVI caminaron.

Además, los que llegamos al valle de guayangareo, después Valladolid, hoy Morelia, para estar viviendo en la Casa Hogar "*El Buen Pastor*", somos triplemente bendecidos: *Primero*, porque tuvimos el privilegio de vivir y caminar en una de las ciudades más famosas de la historia de la República mexicana.

Segundo: Porque fuimos educados en una de las mejores instituciones religiosas de la ciudad de Morelia, en la Casa Hogar "*El Buen Pastor*". Allí en donde, con principios bíblicos, con una hermenéutica bíblica y teológica sana, además, con un principio eclesiástico sumamente importante para ayudarnos a conocer mucho mejor la obra y misión de Dios en este mundo, nuestras *Madres Ejemplares*, nos forjaron para llegar a ser hombres y mujeres de Dios en un mundo en confusión. Esta tarea no ha cambiado, pues la ciudad de Morelia todavía tiene una Institución que prepara a la niñez para una vida de éxito. Una Institución que se llama: Casa Hogar "*El Buen Pastor*".

---

[37]   *Morelia*. Wikipedia: La enciclopedia libre. (La Habra, California. Internet. Consultado el 23 de noviembre de 2018), 3 https://es.wikipedia.org/wiki/

Tercero: La Familia de la Casa Hogar *"El Buen Pastor"* es grandemente privilegiada porque tuvo como guía, en los momentos más importantes de la vida humana, a dos grandes siervas del Dios Altísimo: La señorita Myrtle May Paulsen, y a la señorita Elena Santiago López. Dos mujeres que fueron unas verdaderas…

¡Madres Ejemplares!

LA GENERACIÓN EN LOS AÑOS TREINTA.
Casa Hogar "El Buen Pastor" en Pátzcuaro, Michoacán, México.

LA "CASITA DE ORACIÓN"
Obra construida en los años cincuenta por el señor Alfredo Benjamín De Roos. Aún no había escaleras para llegar a ella.

La *Casita de Oración* fue construida para Orar. El constructor, el Doctor Alfred B. De Ross, el hombre de Dios que comenzó con esta maravillosa obra entre los desamparados mexicanos. Este hombre, todos los días subía a la "Casita de Oración" y allí oraba por cada uno de los niños y niñas, además oraba haciendo suplicas al Todopoderoso Dios para que les concediera las necesidades básicas; es decir, leche, carne, frijoles, arroz, tortillas, ropa, calzado y los utensilios escolares. Las otras cosas que se necesitaban en la Casa Hogar *"El Buen Pastor"*, llegaban por añadidura en cumplimiento de las palabras de Jesucristo cuando dijo: "Más bien, busquen primeramente el reino de Dios y su justicia, y todas estas cosas les serán añadidas".[38] El señor De Ross conocía muy bien esta promesa y por eso oraba en su recinto de oración todos los días. Y, la Casa Hogar, ¡siempre tuvo alimento, calzado y vestido! Dios cumplió y sigue cumpliendo sus promesas en este bello Hogar.

¡Gloria a Dios!

---

[38] Mateo 6:33, (NVI).

EN EL PATIO MAYOR DE LA CASA HOGAR "EL BUEN PASTOR" EN PÁTZCUARO, MICHOACÁN.
Eloísa Enríquez Sixtos, José de Jesús Rocha (Chuy), el niño de enfrente es Samuel y el niño grande al lado es Nelson.

Eloísa Enríquez Sixtos, Noemí Melchor, Israel Barajas, ¿?, y Eleazar Barajas en la Casa Hogar "El Buen Pastor" en la ciudad de Morelia, Michoacán, México. Ceremonia nupcial de Jesús Busio Rocha (Chuy).

UNA RESEÑA DEL DOCTOR ALFRED BENJAMÍN DE ROSS

"Tú me cubres con el escudo de tu salvación, y con tu diestra me sostienes; tu bondad me ha hecho prosperar. Me has despejado el camino, así que mis tobillos no flaquean."
Salmos 18:35-36 | NVI |

Doctor Alfred B. De Ross
Fundador de la Casa Hogar en Pátzcuaro,
Michoacán, México, en 1925

Antes de seguir con esta historia de la Casa Hogar *"El Buen Pastor"*, es apropiado que conozcamos al fundador de esta hermosa Institución que él mismo le puso por nombre: Casa Hogar *"El Buen Pastor"*, me refiero al Doctor Alfred Benjamín De Roos.

El Doctor Alfred Benjamín De Ross nació en Ámsterdam, Holanda. Fue descendiente de una de las tribus de Israel; es decir que fue descendiente de la tribu de Leví, por consiguiente, además de ser un sacerdote de Dios, fue educado para conservar escrupulosamente la Ley Mosaica. Después de aprender un oficio como era costumbre entre los Judíos, se le presentó la oportunidad para viajar a los Estados Unidos de América en donde en poco tiempo se adaptó a su nueva nación y así comenzó una nueva vida de libertad. No solo de una libertad política sino también de una libertad espiritual, pues, cuando el Doctor De Ross llegó a los Estados Unidos, llegó solo; ninguno de sus familiares lo acompañó. En su nuevo país, una familia cristiana de la Denominación Bautista lo acogió en su hogar. La familia lo llevó a la iglesia y allí recibió a Jesucristo como su Salvador Personal.

Su vida la dedicó al servicio del reino de Jesucristo aun en contra de la voluntad de sus padres, pues había dejado atrás el judaísmo de sus familiares. En esta dedicación a Jesucristo, el Doctor De Ross se convirtió en misionero; su Campo Misional fue desde Estados Unidos de América hasta la República de Argentina. En esta labor, puedo relacionarse con misioneros cristianos de varias partes del mundo. Con ese tipo de relación, inició su trabajo de Evangelismo en diversas naciones, ciudades y pueblos distribuyendo biblias y literatura cristiana a través de sus colaboradores, por medio de colportores y también por medio de misioneros.

El Doctor Alfred B. De Ross, fundó la institución cristiana que lleva por nombre: *Organización Latinoamericana de*

Oración. Esto fue un esfuerzo que se logró visitando iglesias cristianas, comunidades cristianas, hogares cristianos y familias también cristianas que estuvieran dispuestos para compartir la Buenas Nuevas de Jesucristo el Salvador.

En uno de sus viajes a Costa Rica, CA, conoció a la señorita *Minnie Boyle*, quien era hija de un Misionero en esa zona de Centroamérica. En poco tiempo contrajo matrimonio con *Minnie*. No sabemos con certeza pero, probablemente, procrearon cuarto hijos varones y una hija (Existe una fotografía con ellos).

En su labor misional, se encontró con niños huérfanos y menesterosos por lo que vio las necesidades de ellos y buscó la oportunidad de ayudarlos. Fue entonces que estableció la Casa Hogar *"El Buen Pastor"*. La inició con los hijos de sus colaboradores que quedaban huérfanos. En los tiempos del Doctor De Ross, la persecución contra los cristianos evangélicos era severa y muchos de sus colaboradores fueran encarcelados y asesinados, dejando a sus hijos huertanos. Fue con ellos que el Doctor De Ross inicio la Casa Hogar en la ciudad de México. Posteriormente, en los años treinta del siglo veinte, juntamente con sus colaboradores, trasladaron la Casa Hogar a la ciudad de Pátzcuaro, Michoacán. En esa ciudad tarasca, estableció su centro de actividades imprimiendo su propia literatura fuertemente fundamentada en la Palabra de Dios.

Por causa de que la Casa Hogar *"El Buen Pastor"* era una Institución cristiana, los niños y niñas huérfanos que vivían en ella fueron hostigados; recibieron insultos, los corretearon, los apedrearon, les gritaron insultos y, recibieron muchas ofensas como decirles *mulas azules* a las niñas, pues su ropa era de color azul. El consejo y poyo del Doctor A. B. De Roos fue enseñarles a ser valientes para la gloria del Señor Jesucristo. El Doctor De Roos sufrió mucho más que los propios internos pero eso no fue motivo para seguir protegiéndolos, procurándoles una buena alimentación, educación cristiana, un buen hospedaje y una educación secular.

Para la obra de los huérfanos, el Doctor Ross reclutó colaboradores tanto nacionales como extranjeros o internacionales. Entre ellos, se destacaron dos mujeres que fueron fieles al llamamiento, primeramente del Señor Jesucristo y luego del Doctor De Roos; ellas fueron la señorita *Elena Santiago López* quien, después de graduarse como enfermera, llegó a la Casa Hogar *"El Buen Pastor"* para hacer allí su Campo Misional. La otra fue la señorita *Myrtle May Paulsen*, una joven neozelandesa que llegó a México y a la Casa Hogar recién graduada de la Escuela Bíblica, con tan solo 26 años de edad. Ambas, dedicaron su vida por más de sesenta y cuatro años al arduo trabajo de los niños sin futuro asegurado.

Ignoramos la fecha exacta del fallecimiento del Doctor De Ross, probablemente fue en 1942 o 1943. A su muerte, su esposa *Minnie* tomó la responsabilidad de la institución por aproximadamente cinco años.

La fidelidad y el amor al Señor Jesucristo del Doctor De Roos así como la maravillosa obra que realizó en las ciudades de México y Pátzcuaro, son el mejor testimonio viviente del amor de Dios por los seres humanos desprotegidos; un testimonio que permanece hasta el día de hoy cuando la Casa Hogar *"El Buen Pastor"* ya ha cumplido más de noventa años desde que fue fundada por este varón de Dios, llamado: *Alfred Benjamín De Roos*. Un hombre que dejó un gran testimonio de lo que es depender absolutamente de Dios. Es un testimonio que está fundamentado en los estatutos legales con la base bíblica que dice: "Gente pobre en esta tierra, siempre la habrá; por eso te ordeno que seas generoso con tus hermanos hebreos y con los pobres y necesitados de tu tierra... Defiendan la causa del huérfano y del desvalido; al pobre y al oprimido háganles justicia".[39]

---

[39]   Deuteronomio 15:11; Salmo 82:3, (NVI).

Aparte de Dios, creemos que el Doctor Alfred B. De Roos, fue una de las personas que no solamente entregó su vida para hacer justicia al huérfano sino que, también amó de una manera incondicional al Señor Jesucristo y a la raza humana más desprotegida del planeta tierra y, Dios lo llamó para que fundara un lugar en donde los sin esperanza tuvieran esperanza y, por eso, existe hoy la Casa Hogar *"El Buen Pastor"* en la ciudad colonial: Morelia, Michoacán, México, en donde dos decididas mujeres de Dios acompañaron al Doctor De Roos desde la ciudad de Pátzcuaro, Michoacán hasta esta ciudad: Morelia, para trabajar en la titánica obra enfocada hacia la niñez mexicana y que, por su hermosa y valiente labor humanitaria, las consideramos como: *Madres Ejemplares.*

Aunque la honra y la gloria es de Dios, el Doctor A. B. De Roos, también merece ser honrado porque su "trabajo en el Señor no ha sido en vano".[40]

¡Gloria sea a Dios!

---

[40] I Corintios 15:58.

MARCANDO LA DIFERENCIA

"Por lo tanto, mis amados hermanos, permanezcan
fuertes y constantes. Trabajen siempre para el
Señor con entusiasmo, porque ustedes saben que
nada de lo que hacen para el Señor es inútil".
I Corintios 15:58, (NTV).

Alguien hizo dos preguntas interesantes y un comentario
mucho más interesante: "¿Quiere usted vivir una vida que
marque una diferencia en su mundo? ... ¿Quiere que las cosas
cambien? Aprenda de quienes cambiaron el mundo, después,
salga a cambiar lo que sucede a su alrededor. ¡Viva una vida
que cambie el mundo!"[41] Dos señoritas salieron de sus hogares:
¡Salieron para marcar la diferencia! No salieron para cambiar
el mundo entero, sino que salieron para cambiar el mundo de
cientos de niños y niñas mexicanos. Este libro, pues, habla de
esas dos mujeres que marcaron la diferencia en el estado de
Michoacán, México; fueron dos mujeres de las cuales debemos
aprender para lograr "vivir una vida que cambie el mundo".
Fueron dos mujeres de Dios que hasta la fecha se puede ver el
fruto de su trabajo, pues, "Trabajaron siempre para el Señor
con entusiasmo, porque ellas sabían que nada de lo que estaban
haciendo para el Señor era inútil".[42]

Desde hace algunos años había tenido la intensión de plasmar
en tinta y papel las maravillosas obras de dos mujeres siervas
de Dios; mujeres que fueron lideres\siervas en las ciudades de

---

[41]   *Puedes cambiar el mundo: cien historias de personas que cambiaron el mundo ¡Tú
también puedes hacerlo!* (Buenos Aires, Argentina. Editorial Peniel. 2004), 5, 6.

[42]   I Corintios 15:8b, (Aplicación con énfasis del autor).

Pátzcuaro y Morelia en el estado de Michoacán, México. Ellas, a las que llamo con acertada evidencia: *"Madres Ejemplares"*, desempeñaron un hermoso ministerio que muy pocas mujeres se han atrevido a hacer; Dedicar su vida al cuidado de niños y niñas mexicanas al cien por ciento.

Por supuesto que no son las únicas mujeres que han hecho una diferencia en este mundo, por ejemplo, existieron otras de las pocas mujeres que también se han atrevido a hacer historia en el amplio y hermoso reino de Jesucristo, similar a lo que hicieron las protagonistas de este libro. En la historia de la religión y en la vida secular ambas se destacaron por su valentía; por su audacia y por si fe en Dios. Ellas fueron: Débora y Jael. El libro de los Jueces nos cuenta la historia de estas dos mujeres. Dos mujeres de Dios que con sus dones y astucia, le dieron libertad al pueblo de Israel de la esclavitud moabita.[43] Con la ayuda de ellas, "la mano de los israelitas se hizo mucho más fuerte,… De este modo, la historia resalta el cómo surgió Débora, una madre de Israel, y como Jael, una mujer que vivía en tiendas, avergonzó al enemigo y libró al pueblo que Dios amaba".[44]

También, casi en nuestro tiempo, tenemos a Agnes Gonxha Bojaxhiu, conocida como la Madre de Calcuta. Una mujer de poca estatura pero que con una fuerza de voluntad y con una fe incluible ayudó a construir Centros de Salud con el fin de atender a los enfermos marginados. Comenzó en Calcuta, India. De allí, su ministerio se extendió a nivel mundial. "Para 1996, Teresa regentaba 517 misiones en más de 100 países".[45] La Madre Teresa realizó una gran labor.

La Maestra Norteamericana, Clara Barton, desde niña tuvo dos deseos: "Enlistarse en las Fuerzas Armadas – cosa imposible

---

[43]   Jueces capítulos 4 y 5.

[44]   Ann Spangler. *Mujeres terribles de la Biblia.* (Miami, Florida. Editorial Vida. 2016), 72-73.

[45]   Wikipedia, la enciclopedia libre. *Teresa de Calcuta.* (La Habra, California. Internet. Consultado el 26 de junio de 2018), 3. https://es.wikipedia.org/wiki/Teresa_de_Calcuta

para ella como mujer – y el de ayudar a los demás".[46] Durante la Guerra Civil, Clara, ayudó a los heridos. "Cuando la guerra terminó, Clara organizó la búsqueda de soldados desaparecidos y logró ubicar a más de veintidós mil en cuatro años".[47] Trabajó con la Cruz Roja Internacional. "En 1881, junto con varios amigos, fundó la Sociedad Nacional Estadounidense de la Cruz Roja, y fue su presidenta".[48] En esta labor, convenció al gobierno de los Estados Unidos para que la Cruz Roja Estadounidense se uniera a la Internacional, cosa que lo logró.

Ellas y otras más, fueron: ¡Mujeres que hicieron la diferencia! Y sin embargo, también en la Historia de las Misiones, tenemos otras dos mujeres que también hicieron la diferencia en la historia de este mundo. Estas dos mujeres fueron la señorita neozelandesa, Myrtle May Paulsen y la señorita mexicana, Elena Santiago López, ambas, con gran sacrificio, pero con una tenacidad admirable, unieron fuerzas para fortalecer social, educacional y moralmente y con un admirable amor espiritual El Hogar para los niños y niñas mexicanas en el estado de Michoacán, México, que hoy lleva por nombre: Casa Hogar *"El Buen Pastor"*.

Ellas, pues, para nosotros, los que somos testigos de su tenacidad, pasión y entrega incondicional a la obra de Jesucristo, para nosotros que recibimos el amor, la comprensión, la educación básica, nosotros, los que recibimos una esperanza de vida y el cuidado que como niños necesitábamos, ellas, para nosotros, fueron unas verdaderas: *Madres Ejemplares*.

---

[46] Sin autor escrito. *Puedes Cambiar el Mundo: Cien historias de personas que cambiaron el mundo ¡Tú también puedes hacerlo!* (Buenos Aires, Argentina. Editorial Peniel. 2004), 22.

[47] Sin autor escrito. *Puedes Cambiar el Mundo: Cien historias de personas que cambiaron el mundo ¡Tú también puedes hacerlo!* (Impreso en Colombia (Buenos Aires, Miami, San José y Santiago). Editorial Peniel. 2004), 23.

[48] Sin autor. *Puedes Cambiar el Mundo: Cien historias de personas que cambiaron el mundo ¡Tú también puedes hacerlo!* (Impreso en Colombia (Buenos Aires, Miami, San José y Santiago). Editorial Peniel. 2004), 23.

Las califico con este nombre porque; ¡Lo fueron! Más que directora y subdirectora de la Casa Hogar "El Buen Pastor", en las ciudades ya mencionadas, fueron unas Verdaderas Madres que nos amaron y que con sus ejemplares abnegaciones con el fin de amarnos, cuidarnos, alimentarnos y proyectarnos hacia un seguro futuro, en un mundo de controversias en todas sus áreas, rompieron barreras que, pocas mujeres lo han hecho.

La Familia de la Casa Hogar "*El Buen Pastor*" en la ciudad de Pátzcuaro, Michoacán y la Señorita Myrtle May Paulsen cargando a un bebé.

Ambas estaban conscientes de que al servir a la Familia de la Casa Hogar "*El Buen Pastor*", estaban sirviendo a Jesucristo y que, cuando estuvieron sirviendo lo hicieron para el Señor.[49] El apóstol San Pablo les dijo a los hermanos de la ciudad de Colosas lo siguiente: "Trabajen de buena gana en todo lo que hagan, como si fuera para el Señor y no para la gente. Recuerden que el Señor los recompensará con una herencia y que el Amo a quien sirven es Cristo".[50] De esto, tanto la señorita Elena Santiago como la señorita Myrtle May Paulsen estaban muy conscientes, por eso es que como *Madres Ejemplares* consideraron la Casa

---

[49]   Gloria Furman. *Destellos de gracia: Cómo atesorar el evangelio en tu hogar.* (Medellín, Colombia. Poiema Publicaciones.2017), 25. 1 Corintios 15:58.

[50]   Colosenses 3:23-24, (NTV).

Hogar "como un organismo vivo que promueve la paz de Cristo y la justicia de Dios".[51]

COLABORADORES DE LA CASA HOGAR
"EL BUEN PASTOR" EN LA CIUDAD
DE PÁTZCUARO, MICHOACÁN.
Miss Gibson, Sra, M. B. De Ross, matrimonio Penington y
Myrtle May Paulsen. Aproximadamente en 1930.

La señorita Myrtle May Paulsen
con Dolores Gudiño Pureco.
Casa Hogar "El Buen Pastor"
en la ciudad de Pátzcuaro,
Michoacán, México.

[51]   Gloria Furman. Destellos de gracia: Cómo atesorar el evangelio en tu hogar. (Medellín, Colombia. Poiema Publicaciones.2017), 25.

**Casa Hogar
"El Buen Pastor"**
A.C.

*"Yo soy el buen pastor; el buen
pastor su vida da por las
ovejas."*
Juan 10:11

SEGUNDA SECCIÓN:

Madres
Ejemplares

La Inigualable "Sunta"

"Mujer virtuosa, ¿quién la hallará?

Porque su estima sobrepasa largamente a la de las piedras preciosas"

Proverbios 31:10

La Familia de la Casa Hogar el Buen Pastor
Patzcuaro, Michoacán, México, Año 1958

INTRODUCCIÓN A LA SEGUNDA SECCIÓN (I)

La mano del negligente empobrece;
Más la mano de los diligentes enriquece.
Proverbios 10:4

Alguien ha dicho que: *"Madre sólo hay Una"*. En el sentido biológico eso es muy cierto. Sin embargo, en el sentido social, cultura, moral, espiritual y aun en lo económico no es del todo cierto este proverbio o dicho. Por ejemplo, mi infancia, niñez y gran parte de mi juventud, fueron etapas que estuvieron apoyadas por el amor incondicional de cinco ponderosas y ejemplares madres.

Aquella primera *Madre Ejemplar* e igualmente incansable que me trajo a este mundo y, que corrió de un lado para otro buscando el sustento para sus hijos; ella fue la señora *María Guadalupe Hernández Pardo*. Mujer fuerte, trabajadora como ella sola y atrevida. No le tenía temor el futuro ni aun cuando los doctores le dijeron que estaba propensa a partir de este mundo.

Mi madre biológica, viajó por muchas partes de la República Mexicana en busca siempre de un mejor porvenir para su familia. Eso lo hizo después de que se divorció de mi padre; el señor Alejandro Barajas, cuando yo tenía cinco años de edad. Y, aunque gran parte de mi niñez la viví sin su presencia, nunca dejó de amarme. Para mis hermanos y para mí, era nuestra madre biológica y nosotros; mis hermanos Socorro, Luis, Jesús, Israel y Elpidio. Los últimos cuatro, me incluyo (Jesús, Israel, Elpidio y Eleazar), éramos sus hijos más pequeños, mi hermano Luís y mi hermana Socorro ya podían valerse por sí mismos. Nuestra madre bilógica buscó siempre la manera de que viviéramos con ella, nos quería a su lado todo el tiempo, algo que fue prácticamente imposible desde la separación de nuestro padre.

Cuando Dios la llamó a su presencia el 21 de septiembre de 1983, pocas horas antes había estado a su lado y . . . un día después, gran parte de la familia nos encontrábamos en el Cementerio de las Guacamayas, Michoacán, dándole el último adiós a quien me había hecho el gran favor de traerme a este mundo.

La *Segunda Madre* que veló y se preocupó, por nosotros durante gran parte de nuestra niñez fue la señora Socorro Barajas. Sí, mi hermana mayor. Mientras mi madre biológica viajaba por un lado y otro, mi hermana, quien ya estaba casada con el señor Jesús Rivera y quien, además, ya tenía a teresita y más tarde nació Héctor; nuestros sobrinos, aun así, mi hermana/madre, nunca nos descuidó ni se cansó de cuidarnos y alimentarnos; éramos sus hijos mayores. Fue con ella que inicié la educación Primaria mientras vivimos en el Rancho llamado *La Gallina*. Ella fue, es y sin duda lo seguirá siendo otra de las madres ejemplares que han puesto las bases en mi formación durante este peregrinar por este mundo.

Mi *Tercera Madre,* mi madre de crianza, fue la señora *Esperanza Cortés Calderón*. Una mujer muy devota, honesta, simpática, humilde y carismática. Segunda esposa de mi padre. Una mujer que nunca probó alimento antes de ver que su esposo; y sus hijos adoptivos estuvieran satisfechos. Una mujer que nunca tuvo un sólo hijo biológico, pero que nos adoptó como tales.

"*Pera*", como nosotros la llamábamos de cariño (no sé porque nunca la llamamos "Madre" o mamá), fue una mujer que nunca faltó a los cultos de su iglesia a menos que fuese por una razón sumamente ponderosa y allí y en todo lugar, siempre oró por mí: también por mi hermano Israel y por mi padre, pero hoy quiero ser un poco egoísta y decir "por mí".

"*Pera*", siempre se preocupó por mi bienestar hasta el último momento de su vida. Dios la llamó a su presencia el 29 de junio de 1999 mientras se encontraba en su casa en Lombardía Michoacán.[52] A Dios le doy gracias por estas *Madres Ejemplares* que han pasado por mi vida. Sin embargo, en este escrito, me he propuesto hablar con más detalles de las otras dos *Madres Ejemplares* que, Dios, en su misericordia me ha concedido tener durante los años en que más he necesitado del amor, cariño, apoyo, y dirección de una Madre.

Por eso es que, en este escrito, de una manera de resumen; en capítulos muy cortos, puesto que no quiero entrar con muchos detalles para no cansar al lector, menciono a la que fue una *Madre Ejemplar* pero al mismo tiempo incansable. Fuerte pero al mismo tiempo tierna y bondadosa. De una fe inquebrantable y una esperanza alentadora. Me refiero a la señorita *Elena Santiago López*. Una mujer de Dios a quien conocí durante los años más difíciles de mi vida, durante el tiempo decisivo; tiempo de la rebeldía y de las ambiciones, tiempo de los enamoramientos y ceguera espiritual, fue el tiempo de la pubertad y la juventud. Pero fue también durante ese tiempo que no solamente la conocí, sino que la llegué a amar como a una madre y traté lo más que pude, que no fue mucho esfuerzo, de respetarla. Fue una mujer a quien por sobre nombre o apodo le decíamos "*La Sunta*".

Se cuenta que cuando el monje y gran teólogo, San Agustín de Hipona, escribió sus "*Confesiones*" puso a Dios de un lado del escritorio y en el otro lado se sentó él, y allí, frente a frente; el Todopoderoso y todo Santo frente al todo debilucho y todo pecador; la pluma que estaba en la mano derecha de San Agustín rebeló su estilo de vida; sus "*Confesiones*", escribiéndola en el papel.

---

[52] Para más información acerca de mi tercera madre, lea mi libro titulado: *Donde el Tiempo se Detuvo.*

Pues bien, en la Tercera Sección de este escrito titulado: *"Ella Era Toda Una Santa"*, he pensado en lo que hizo San Agustín. Por lo tanto, he puesto a mi quinta Madre de un lado del escritorio y he comenzado a escribir más acerca de mi estilo de vida que de las actividades acerca de ella.

Es pues, una *"Confesión"* de mi estilo de vida dentro del *"Hogar"* que mi quinta madre me ofreció. Entonces pues, mi *Quinta Madre*, y no necesariamente en ese orden, que ha pasado por mi vida fue una mujer, quien era hija y servidora ferviente del Dios Altísimo. Fue una mujer que dejó a sus familiares en su lejana

tierra y llegó hasta nuestro Continente con el sólo propósito de ayudar a los niños mexicanos que estaban desamparados. Una mujer tan grande de fe como su estatura. De una bondad tan admirable como su belleza física.

De una visión tan alta como el mismo cielo azul que, tal parecía que, dicho cielo, se reflejaba en sus ojos de color celeste. En fin, una mujer que prefirió amar que ser amada. Cuidar que ser cuidada. Ayudar que ser ayudada. Consolar que ser consolada. Adoptar a los niños huérfanos que traer hijos sin sentido del amor y cuidado. Me refiero, pues, a la Señorita *Myrtle May Paulsen*, a quien de cariño le llamábamos *"Polsiton"*.

El proverbista ha dicho que: *"La mano del negligente empobrece; más la mano de los diligentes enriquece"*. Ninguna de las madres que he mencionado fueron "negligentes", todas ellas, en el rol que les tocó desempeñar fueron diligentes y, con esa actitud, todas ellas me enriquecieron. Esta es la razón por la que puedo asegurar que ellas, cada una con sus características particulares fueron para mí unas. . .

¡MADRES EJEMPLARES!

Tercer Patio o Jardín.

En la Casa Hogar de Pátzcuaro, Michoacán.

Moisés y luz Lemus con "Polsitón".

Casa Hogar "El Buen Pastor".
Patio mayor en Pátzcuaro, Michoacán en los años cuarenta.

ANTECEDENTES DE LA SEÑORITA ELENA SANTIAGO LÓPEZ

El corazón alegre hermosea el rostro.
Proverbios 15:13.

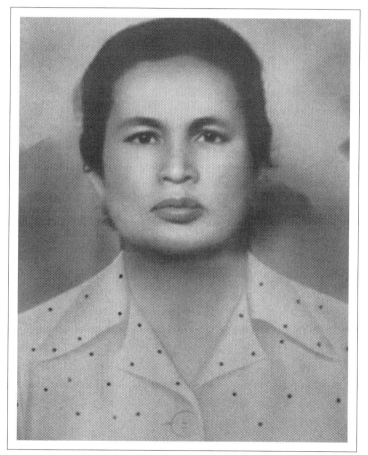

Señorita: Elena Santiago López

Un pueblito de nombre San Francisco Telixtlahuaca, Etla, Oaxaca. Un pueblo que pertenece a la comunidad de Etla, Oaxaca, y que "se fundó en 1625 a 10 kilómetros de distancia de la actual ubicación sobre el cerrito El Negrito, por ello, se le considera como el primer pueblo mixteco de Oaxaca".[53] Recibe el nombre de Francisco porque es el nombre del santo patrono del pueblo. En la actualidad tiene "una iglesia en la que se venera a San Francisco de Asís".[54]

Fue, pues, entre las montañas en el estado de Oaxaca, México, en el *Llano de la Piedras*, esto es lo que significa el término *Telixtlahuca*: "Telixtlahuaca: Tetl, 'piedra', Ixtlahuatl, 'llano o llanura' y Co, 'en': *En el llano de la piedras*".[55]Fue aquí, durante los años de principio de siglo XX, es decir en la primera década del siglo pasado, que se vio la felicidad en los rostros del matrimonio Santiago-López, al nacer su bebita de origen mixteco, el 15 de marzo de 1905, a la que le pusieron por nombre: *Elena Santiago López*.

La señorita Elena Santiago López, desde muy joven entregó su vida al Señor Jesucristo. El Doctor Alfred Benjamín De Roos la descubrió en uno de sus viajes misioneros. La señorita Elena, en ese tiempo, era profesora de Educación Primaria en su pueblo. Viendo el espíritu servicial de la joven zapoteca, el Doctor De Ross la invitó a trabajar en la obra que ya estaba formándose en la ciudad de México; es decir, la Casa Hogar. Con el consentimiento de su padre, la señorita Elena se trasladó a la ciudad de México para formar parte de la ayuda social/

---

53   WWW. Vive Oaxaca. Org. *San Francisco Telixtlahuca, Etla, Oaxaca*. (La Habra, California. Internet. Consultado el 4 de enero del 2020), ¿? https://www.viveoaxaca. org/2011/04/san-francisco-telixtlahuaca-etla-oaxaca.html

54   WWW. Vive Oaxaca. Org. *San Francisco Telixtlahuca, Etla, Oaxaca*. (La Habra, California. Internet. Consultado el 4 de enero del 2020), ¿? https://www.viveoaxaca. org/2011/04/san-francisco-telixtlahuaca-etla-oaxaca.html

55   WWW. Vive Oaxaca. Org. *San Francisco Telixtlahuca, Etla, Oaxaca*. (La Habra, California. Internet. Consultado el 4 de enero del 2020), ¿? https://www.viveoaxaca. org/2011/04/san-francisco-telixtlahuaca-etla-oaxaca.html

educacional y espiritual de la recién formada Casa Hogar: *"El Buen Pastor"*.

Estando en la labor de la Casa Hogar, fue enviada por el mismo Doctor Ross a prepararse como Misionera y al terminar sus estudios bíblicos, también fue enviada a estudiar Enfermería. Así que se internó en el *Hospital Latinoamericano* en la ciudad de Puebla, Puebla, México. Con esa preparación, regresó a la Casa Hogar como Misionera y Enfermera. Allí, en esa institución fue que la señorita Elena Santiago comenzó a ser una madre en todos los sentidos serviciales y educacionales. Con el tiempo, llegó a ser una *Madre Ejemplar*.

Entonces, pues, en la muy reciente Casa Hogar *"El Buen Pastor"* en la ciudad de México, institución que había sido fundada en 1928 por el misionero Benjamín De Ross, la señorita Elena Santiago López encontró el propósito de su llamado al Reino de Jesucristo.

En 1934 la Casa Hogar fue trasladada a la ciudad de Pátzcuaro, Michoacán y con ella la señorita Elena también. Por esas mismas fechas llegó para hacerle compañía otra misionera, la extranjera de la cual ya he comentado: La señorita Myrtle May Paulsen. De la señorita Paulsen (Polsiton), hablaremos en otras páginas más adelante en este libro.

La señorita Elena Santiago López, no solamente sirvió en la Casa Hogar como Enfermera y Misionera, pues, mientras estaba en la ciudad de Pátzcuaro, salía a evangelizar de casa en casa, en los diferentes hogares de las colonias de la ciudad. Así mismo, mientras estuvo en esa ciudad colaboró con la Iglesia Presbiteriana como Maestra en la Escuela Dominical, hasta que la Casa Hogar fue trasladada la Capital del estado; la ciudad de Morelia. Esta nueva ciudad, también estuvo sirviendo en la Iglesia Presbiteriana con su don educativo: Fue la Maestra de la Escuela Dominical de los niños de siete y ocho años de edad.

¡Siempre estuvo sirviendo! Por ejemplo, en la ciudad de Morelia, su pasión evangelística la llevó a realizar este trabajo, ahora con la ayuda de los niños y niñas. En su trabajo evangelístico llevaba un grupo de niños de la Casa Hogar, quienes participaban en cantos; preparaban regalos, en especial en los días navideños, para los niños que visitaban. Con este trabajo evangelístico y misionero se inició la *Iglesia Bautista* de la Colonia Prados Verdes en la ciudad capital: Morelia. Esto

Eloisa Enriquez Sixtos, la actual directora de la Casa Hogar "El Buen Pastor", recibiendo un reconocimiento por el 90 ANIVERSARIO de la Casa Hogar. Agosto 2 del 2019.

lo hizo aun cuando estaba colaborando con la Iglesia Presbiteriana "*Salem*", en donde fue la Maestra Fiel hasta que el Señor la llamó a su presencia.

Bien sabemos que existen mujeres de mujeres; es decir que, existen aquellas que tienen una fuerza que supera a muchos hombres.

La señorita Elena era una de ellas. Una mujer incansable, pues ella, colaboró asistiendo a los niños y niñas internas en la Casa Hogar con todo lo que era necesario en la educación, la salud, la vida espiritual, la vida social y en cada uno de los aspectos que eran necesarios para el buen desarrollo de la personalidad de los internos. Ella estaba en todo; atendía la cocina, la lavandería, la ropa de cada uno y una, en la formación cristiana, en las tareas escolares y por supuesto en la Enfermería.

La señorita Elena Santiago L. fue una fiel colaboradora de
Myrtle May Paulsen; juntas lograron la formación necesaria de
cientos de niños y niñas. La Señorita Elena, siempre se condujo con
respeto a la autoridad. Fue una sencilla y humilde sierva de Dios.
Permaneció en la Casa Hogar *"El Buen Pastor"* hasta que
el Señor la llamó a su eterno descanso el día 13 de diciembre
de 1994.

Los servicios fúnebres se realizaron en las instalaciones de
la Casa Hogar en la ciudad de Morelia. Su cuerpo fue sepultado
en el Cementerio: *"El Jardín de los Recuerdos"*, en Morelia,
Michoacán, México.

Los exalumnos de la Casa Hogar la recordamos con mucho
aprecio aun cuando su carácter se distinguió por su fuerza y
firmeza.

Sirvió en la Casa Hogar *"El Buen Pastor"* desde 1925 hasta
1994; es decir, fue una incansable *Madre Ejemplar* durante
sesenta y nueve años. ¡Toda una vida al servicio completo del
Reino de Dios en la Casa Hogar! Cuando se dice que fue un
servicio completo, es porque aun en sus vacaciones de cada
año, fueron vacaciones en las que también hacía la obra de
evangelismo y misional.

Así, pues, la labor misionera de la señorita Elena Santiago
López, la inició y la terminó en un Internado para niños
desamparados como una *Madre Ejemplar* y muy amorosa; una
madre dedicada a todos los roles de una verdadera y amante
madre. También fue allí, mientras Vivian en la ciudad de
Pátzcuaro, en donde recibió el mote o apodo de *"La Sunta"*.
Se le dio este nombre porque los indígenas tarascos no podían
pronunciar correctamente el término *"señorita"*, así que cuando
la saludaban le decían: *"Guenos dia suntita"*. Así fue como la
Señorita Elena Santiago, con su apodo de *"La Sunta"* se dio a
conocer al mundo que la rodeaba.

Reafirmando la labor de esta sierva de Dios, vuelvo a decir
que, aunque enfermera de profesión, su incomparable condición

física y destreza administrativa la convirtieron en una mujer inigualable; era una experta en todas aquellas áreas de salud, cuidado infantil, en las artes culinarias - ¡Ah, qué rico cocinaba la señorita Elena! -. También fue una experta en la educación pedagógica y, sobre todo, en las áreas del conocimiento de la Biblia y la dependencia de Dios. ¡Era una mujer que estaba llena del Espíritu Santo!

Las actividades del Internado absorbían casi todo su tiempo. Corría de un lado para otro, especialmente de su cuarto a la cocina y comedor, pero aun así, nunca pasaba por alto un detalle ni el nombre de los internos aunque estos llegaran a ser 40 o más en número.

Desde las cinco de la mañana, hora en que terminaba su dialogo y encuentro con su Dios; era su Tiempo Devocional, hasta las diez o más tarde de la noche, en todas partes del Internado y a cada rato, se escuchaban las siguientes expresiones: "Sunta, necesito zapatos." "Sunta, me presta la llave de la bodega". "Sunta, no tenemos jabón". "Sunta, me presta la llave del portón". "Sunta, me puede abrir la puerta de la huerta". "Sunta, ¿qué ropa me pongo para ir a la escuela?" "Sunta, ya estamos listos para irnos a la iglesia", "Sunta, ¿ya puedo tocar la primera campanada?" "Sunta, hace falta la leche y el café". "Sunta, ¿quién me va a ayudar a lavar los platos?" "Sunta, ¿cómo le hago aquí?" "Sunta, ¿y esto que es?", "Sunta esta comida no me gusta". "Sunta, ¿dónde...?" "Sunta, ¿por qué...?" "Sunta,...".

¡Ah, nunca nos cansamos de pedir y de hacer preguntas! ¡Nunca consideramos que ella necesitaba descanso! ¡Siempre quisimos que nos atendiera como si fuéramos los únicos que necesitábamos atención! Y ella, siempre estuvo disponible para cada uno de nosotros. ¡Fue una verdadera *Madre Ejemplar*! ¡Y una mujer incansable! ¡Gracias a Dios por esta *Madre Ejemplar*!

La señorita Elena Santiago López, en la Casa Hogar: El
Buen Pastor", en la ciudad de Morelia, Michoacán, México.

En fin, la señorita Elena, con su montón de llaves en la bolsa
derecha de su mandil iba y venía, atendía y enseñaba, servía
los alimentos y las bebidas, leía la Biblia y cantaba, cocinaba
y lavaba la ropa de todos, hacia esto y aquello otro, y ¡pocas
veces se sentaba! Eso, lo de sentarse, solamente lo hacía cuando
tenía su devocional personal, aunque parte de él lo hacía de
rodillas, y un rato durante los alimentos, porque, como ya dije,
ella, también los servía y, para ello, dejaba de comer, se paraba
y atendía al pequeño como al grande, al niño como a la niña, al
visitante como al residente.

El pastor y doctor Rick Warren en uno de sus libros hace
esta pregunta: '"¿Para qué estoy aquí en la tierra?', y luego le
agrega las siguientes palabras del profeta Jeremías, cuando dijo:
'Bendito el hombre que confía en el Señor y pone su confianza
en él. Será como un árbol plantado junto al agua, que extiende
sus raíces hacia la corriente; no teme que llegue el calor, y sus
hojas están siempre verdes. En época de sequía no se angustia,

y nunca deja de dar fruto'.[56] La señorita Elena Santiago sabía para qué estaba en esta tierra y por eso se dedicó a cumplir con ese propósito. Ella fue bendecida porque puso su confianza en Dios. Fue un árbol frondoso que dio fruto muy agradable; su verdor y su sabor del fruto producido aún perduran en nuestras mentes y corazones. ¡Ella cumplió su propósito en esta tierra! Para todos nosotros, los hijos e hijas de la Casa Hogar *"El Buen Pastor"*, el rostro de la señorita Elena Santiago López era hermoso. Lo era porque en ella se cumplía las palabras del proverbista: *"El corazón alegre hermosea el rostro".*[57]

Siempre, a causa de la íntima relación que ella tenía con el Señor Jesucristo, su corazón estaba alegre; su corazón se alegraba más cuando podía servir a cada uno de nosotros, ¡esa era su pasión, servir! Y, su corazón se alegraba. Nosotros podíamos ver ese corazón alegre en la hermosura de su rostro.

Ella, pues, la señorita Elena Santiago López,...

¡Fue una Madre Ejemplar, Sumamente Incansable!

---

[56]   Rick Warren. *Una Vida Con Propósito: ¿Para qué estoy aquí en la tierra?* (Miami. Florida. Editorial Vida. 2003), 19. Jeremías 17:7-8, (NVI).

[57]   Proverbios 15:13, (NVI).

EL VIAJE

El corazón alegre constituye buen remedio;
Más el espíritu triste seca los huesos.
Proverbios 17:22

Cuando terminé mi tercer grado de estudios en la Educación Primaria, en la *Escuela Gabriel Zamora* de Lombardía Michoacán, México, mi padre, el señor Alejandro Barajas Santoyo, quien se había divorciado de la mujer que me trajo a este mundo: mi madre, Guadalupe Hernández Pardo, era un hombre precavido, decidido, y muchas veces reservado en sus pensamientos; es decir, hacia algunos planes y algunas veces no los explicaba, sólo actuaba. Como amante de la educación, se aventuró a pensar y actuar en que, para una mejor educación de sus dos únicos hijos con mi madre; mi hermano Israel y yo, un Centro de Capacitación o de Estudios o un Internado sería lo mejor para nosotros.

Por ese tiempo, el Internado llamado la Casa Hogar *"El Buen Pastor"* situado en la ciudad de Morelia, tenía como Directora a una hija de Dios quien *Era Toda Ella Una Santa* de la cual comentaré más sobre ella en este libro. Fue precisamente con ella que mi padre ya había hecho algunos arreglos; fueron los trámites para nuestra estancia en lo que sería nuestro nuevo tercer Hogar (El primero fue con mi hermana Socorro y su esposo Jesús; el segundo fue con mi Padre y con su esposa Esperanza).

Así que, sin muchas explicaciones, como dije anteriormente, algunas veces mi padre no explicaba sólo comentaba, aquel verano nos dijo que los tres; El y nosotros dos (Israel y Yo), nuestra madre de crianza; señora Esperanza Cortés, que seguramente ya sabía de qué se trataba el viaje, se quedó en casa con la excusa de cuidar la propiedad, así que, sencillamente nos dijo que haríamos un viaje muy largo. Por tal razón necesitábamos llevar ropa extra.

Entonces, pues, aquel día veraniego, muy temprano; antes de que saliera el sol, nos pusimos nuestra mejor ropa y, ¡por primera vez usaba botas! Eran unas botas como las que usaba el legendario Pancho López; con una punta alargada. Hasta ese día, toda la vida había estado usando huaraches estilo Michoacán ¡Y, ahora botas! ¡Qué felicidad emprender un largo viaje vestido de esa manera y con mi padre!

Cuando digo "largo viaje" es por dos razones principales: primera, casi nunca viajamos de niños más allá de nuestro sitio, lo más lejos que había llegado había sido hasta el Infiernillo y la ciudad de Apatzingán en el estado de Michoacán, en aquel entonces el Infiernillo era un pueblo que colindaba con el estado de Guerrero. Conocía esos lugares porque después de que mis padres se divorciaron, me dediqué a viajar por esos rumbos michoacanos; tenía casi los seis años de edad cuando comenzaron mis aventuras. Por fin, cuando cumplí mis ocho años de edad, mi padre, me volvió a recibir en su casa. Todo viaje había sido hacía el sur, pero en esta ocasión era un viaje para el norte del estado de Michoacán. La segunda razón es porque viajábamos a lo desconocido y los medios de transporte que usamos no fueron muy rápidos – los autobuses y el tren -.

El autobús que abordamos desde mi pueblo; Lombardía, hasta la ciudad de Uruapan, poco a poco, mientras subía las montañas, dejó el inmenso valle caluroso del verano que, comenzaba a ser iluminado con los rayos solares del amanecer, y se internó en las montañas de la Sierra Madre Occidental, dándonos la oportunidad de contemplar un paisaje sumamente hermoso. Los pinos, el fragante olor de los árboles de la sierra, el aíre fresco y las verdes montañas aumentaron la felicidad de viajar con ropa limpia y botas nuevas. Años después regresaría a estas montañas. Mi hermano Luís, después de que terminó su estancia en el Ejército Mexicano, se casó y fue a vivir con su esposa a las montañas de la "sierra de Uruapan",[58] con ese nombre la conocíamos. En un tiempo de vacaciones lo visité. Fue una experiencia muy hermosa como lo había sido la primera vez que contemplé esas montañas desde la ventanilla del autobús.

Desde la ciudad de Uruapan abordamos el tren con rumbo directo hasta la ciudad de Morelia. El sonido de *"chuck, chaka, chuch, chaka"* y el humo negro que salía de la poderosa máquina de carbón al frente de la gran hilera de los pesados vagones de hierro (como nueve o diez; pero para mí eran muchos), mientras los jalaba a través de las laderas cubiertas de pinos, encinos y toda clase de árboles frutales típicos de la tierra fría; como los manzanos, los duraznos, y las peras, hacía que nuestra alegría aumentara.

De vez en cuando apartaba mi vista del hermoso paisaje para ver los rostros de nuestros acompañantes; así por ejemplo, el rostro de mi hermano Israel se veía alegre, el de mi padre también, aunque se notaba un poco preocupado, quizás porque sabía que dentro de unas horas más nos separaríamos por mucho tiempo; mejor dicho, para siempre. ¡Nunca más volvimos a vivir con él! ¡Nunca regresamos al hogar paterno! Sólo de visita y no todos los años ni todo el tiempo vacacional.

Pero, por lo pronto, en nuestro largo viaje nos encontramos de repente con un nuevo panorama. Al cruzar por la ciudad de Pátzcuaro, donde originalmente había estado el Internado hacia el que nos dirigíamos, los Tarascos, tribu que habitaba esa región y la que también fundó esa ciudad, se veían caminando por las calles y junto a la vía del ferrocarril con sus típicos ropajes de unos tonos rojizos.

Pero, ¡eso no era todo! El agua cristalina y fría de un gran lago llamó mi atención de inmediato, ¡qué maravilla! ¡Nunca había visto tal cosa! Un gran lago en el cual se veían a los

---

[58] La "Sierra de Uruapan" es parte de la Cordillera Occidental de la República mexicana.

pescadores sobre pequeñas canoas con sus redes de pescar en forma de alas de mariposas buscando el sustento diario. Además había varias islitas que hermoseaban más el lago. Una de ellas, casi al centro del lago llamado Janitzio, con un gran monumento construido en el mero centro de la isla. Ese monumento es la figura de Don José María Morelos y Pavón.

La vía del ferrocarril en gran parte rodeaba una de las orillas del gran Lago de Pátzcuaro. Nosotros estábamos sentados en los asientos del vagón, precisamente por ese lado, por el lado del lago. Así que, tuvimos la oportunidad de contemplar esa maravilla de la naturaleza por unos minutos, ¡minutos que fueron de gran emoción!

¿Y, Lombardía? ¡Quien se iba a acordar de Lombardía en momentos tan agradables en este viaje! El proverbista dice que: "El corazón alegre constituye buen remedio;…",[59] mi hermano Israel y yo estábamos absolutamente saludables, nuestros corazones estaban alegres y nuestros cuerpos resistieron saludablemente todo el viaje. Desde un clima caliente – ¡muy caliente!-, luego frío en la zona de la sierra y finalmente templado como lo es el clima de la ciudad de Morelia, Michoacán.

¡Ah, qué hermoso viaje a lo desconocido!

59   Proverbios 17:22, (NVI).

Baltasar Maldonado y Lidia Soto, dos de los exalumnos de la Casa Hogar "El Buen Pastor" más ancianos, partiendo el pastel del 90 Aniversario. Ellos fueron de los primeros niños que fueron aceptados en la Casa Hogar. Lidia en la ciudad de México en 1932. Baltasar en Pátzcuaro, Michoacán, en 1938. Baltazar, hoy 2021, tiene 88 años de edad, y Lidia tiene 91 años. Agosto 2 del 2019.

EL ENCUENTRO

Porque cuál es su pensamiento en su corazón, tal es Él.
Proverbios 23:7

Parte de la Familia de las señoritas Myrtle Mayo
Paulsen y Elena Santiago en la Casa Hogar *"El
Buen Pastor"* en la ciudad de Morelia, Michoacán,
México. En los años mil novecientos setentas.

Aquel medio día cuando mi padre tocó el timbre del
Internado de nombre; Casa Hogar *"El Buen Pastor"*, situado
en la esquina de las calles Madrigal de las Altas Torres y
Carpinteros de Paracho, en la Colonia Vasco de Quiroga, en
la ciudad de Morelia, Michoacán, la señorita Elena Santiago
López dejó lo que estaba haciendo por un momento y llegó con
su enorme llavero que sacó de la bolsa derecha de su típico e
inseparable delantal o mandil.

Con una destreza maestra abrió el candado del portón. Saludó a nuestro padre de voz y mano al mismo tiempo que nos miraba a mi hermano Israel y a mí. Acto seguido, con una sonrisa de oreja a oreja que mostraba el amor de Dios en su vida, le preguntó a mi padre:

-"¿Estos son los chicos, sus hijos?"

-"Si, ellos son"- respondió mi padre un tanto nervioso -.

Acto seguido nos invitó a saludar de mano a quien desde ese momento sería una incansable y *Madre Ejemplar* para nosotros. Su amigable y hermoso rostro que emanaba la gracia de Dios nos dio la confianza que tanto necesitaríamos horas después. Acomodándose con la mano izquierda sus lentes que le habían caído un poco sobre su graciosa nariz, la señorita Elena Santiago López, nos invitó a pasar directamente al comedor. ¡Habíamos llegado exactamente a la hora de la comida!

En ese entonces, todavía el Internado estaba en construcción. Había algunas partes hechas solamente con el material bruto, entre ellas el lugar que sería el nuevo comedor, la cocina y la bodega por un lado. En otra parte sólo estaban los cimientos de lo que sería el departamento de la Directora, los baños y dormitorio para las señoritas, además de un cuarto extra para visitas. Nos esperaba un arduo trabajo de construcción. Comenzaríamos a aprender lo que es trabajar.

Siendo guiados por la señorita Elena caminamos por el pasillo del sur (en ese tiempo era el único que había) en dirección del este hacia la cocina y el comedor, que por esas fechas estaban en una esquina de lo que sería más tarde el cuarto principal del Internado.

La señorita Elena, mientras nos dirigíamos hacia esos lugares, daba órdenes a los niños que estaban jugando en el patio diciéndoles que se lavaran las manos y se alistaran para pasar al comedor. Antes de pasar al comedor tocó una campana de cobre que colgaba del techo en una de las esquinas de los corredores en formación del sur y del este; exactamente en frente del comedor y la cocina. Dentro del comedor, a mi hermano Israel, a mi Padre y a mí, nos sentó junto a la mesa que ya estaba preparada para tomar los sagrados alimentos.

La señorita Elena salió del comedor disculpándose y entró en la cocina. Pocos minutos después llegó cargando una gran olla que, por el fragante olor que despedía, me di cuenta que contenía una rica y sabrosa comida; era un guisado de carne de res. Los frijoles y el arroz llegaron después en otras manos. Las tortillas, el agua de sabor y la salsa ya estaban sobre la mesa. Era una mesa que estaba adornada con una servilleta, un tenedor, un cuchillo y una cuchara para cada uno de los que estábamos allí sentados ¡eso no se usaba en mi pueblo! ¡Era una comida de lujo! Y, había que aprender cómo usar el cuchillo y el tenedor.

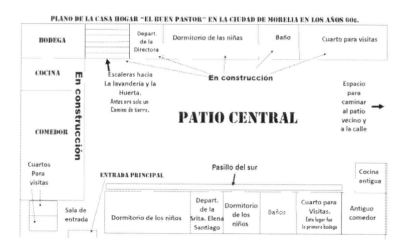

Las variadas actividades y el cansancio no impidieron que el amor de Dios se reflejara en el rostro de la señorita Elena; siempre estaba sonriendo a su manera, aun en ocasiones en que se veía obligada a disciplinar. ¿Sería por eso que, desde ese día en adelante, me di cuenta, aun en mi niñez; tenía ocho años de edad, que la señorita Elena era realmente la *"Inigualable Sunta"*? *¡Una Madre Ejemplar*!

¡Sí!, la señorita Elena Santiago López,…
Fue una inigualable
Mujer de Dios y una Madre Ejemplar

EL GRAN DÍA DEL MERCADO

Conmigo está el consejo y el buen juicio;
Yo soy la inteligencia; mío es el poder.
Proverbios 8:14

Aun con todo el amor de Dios y humano que nos mostró la señorita Elena, aquel primer día en la Casa Hogar *"El Buen Pastor"* no fue muy fácil despedirnos de nuestro padre. Pero este asunto lo explico en la Segunda Parte de este escrito. Por ahora solo les comento que, mi hermano y yo lloramos a la hora de la despedida.

Los días transcurrieron, fuimos a la escuela, aprendimos el movimiento de la Casa Hogar y colaboramos en casi todo aquello que se nos ordenó. Estábamos disciplinados en obedecer, esa fue una gran parte de la disciplina que nos enseñó nuestro padre.

Así, por ejemplo, llegaron los días en que acompañaba a la señorita Elena a hacer las compras en el Mercado Municipal *"Revolución"*. Era un Mercado muy grande, oh, quizás lo veía muy grande porque nunca había visto otro igual o más grande que ese Mercado. Fue para mí una bendición el poder ayudar a la *Santa* en esta actividad de cada ocho días; eran los días sábados por la mañana.

Ese *"Día del Mercado"*, inmediatamente después del desayuno, la señorita Elena agarraba su canasta hecha de mimbre y se encaminaba hacia la parada del camión urbano. Ese camión pasaba exactamente por una de las esquinas del Mercado. Desde allí comenzábamos a caminar de puesto en puesto bajo los techos de lona, telas, mantas y plásticos. Los gritos de los vendedores por todos lados nos decían: "pase seño, que va a llevar", "Seño, las calabacitas están tiernitas", "Pase, pase, mire, las naranjas están dulces y jugosas", "Seño, ¿cuánto le doy de arroz?", "Mire, estos frijoles son de la temporada", "Hoy este chile está en barata, ¿Cuánto le damos?", "Marchanta, ¿Qué va a llevar hoy?". "Marchanta, mire, todas las verduras y frutas son frescas; ¿Qué le damos?". Cada vendedor tenía, como siempre, la mejor mercancía.

¡Wauuu! ¡Qué tremenda compradora era la señorita Elena! Conocía perfectamente la buena verdura, la buena fruta, los buenos cereales, ¡y no se diga de las carnes! Con el poco dinero que llevaba nos hacían falta manos, fuerzas y espacio para todo lo que compraba. No me cabe la menor duda de que las palabras del proverbista, cuando dijo: "Conmigo está el consejo y el buen juicio; Yo soy la inteligencia; mío es el poder",[60] se materializaron en la vida de la señorita Elena Santiago López. ¡Era sumamente inteligente en el arte de comprar!

**LA CASA HOGAR "EL BUEN PASTOR"
EN CONSTRUCCIÓN.**
Eleazar Barajas, Carmen Rocha, Javier Habacuc García Ruíz y
Alfonso Piñón Ruíz en Morelia, Michoacán, en los años sesentas.

---

60   Proverbios 8:14, (NVI).

Con el tiempo, tomé el lugar de Antonio Villegas, él era el encargado de llevar la mercancía a la Casa Hogar en una bicicleta. Antonio era un muchacho no muy alto pero si fuerte, tenía una musculatura atlética; de gimnasio. Era un experto manejando la bicicleta. Pero yo, chaparro y un poco debilucho, tenía un poco de problemas al manejar la bicicleta, empezando porque mis pies, sentado en el asiento, no llegaban hasta los pedales, así que, me sentaba sobre la barra y de allí, ladeándome de un lado para otro lograba pedalear.

Por ejemplo, recuerdo aquel día sábado que amarré en el portabultos de mi vehículo, como todos los otros sábados, una caja de madera, en ella acarreaba las papas, naranjas, verdura y todo aquello que la señorita Elena compraba y que no podía traerse en el camión urbano. Pues bien, ese día, era el tercer viaje, en ocasiones hacía cuatro o cinco, había llenado la caja con naranjas y venía por la carretera del Acueducto. El semáforo de la esquina del Acueducto en donde yo tenía que doblar hacia la izquierda; para pasar junto a la Fábrica de la Coca Cola,[61] la cual se encontraba en la esquina de la Avenida Tata Vasco y la Calle Hospitales, me detuvo; estaba en rojo. Logré poner mi pie izquierdo sobre la banqueta del Acueducto pero, el peso de las naranjas me ganó, la bicicleta "reparó" y, como estaba del lado izquierdo del Acueducto, todas las naranjas comenzaron a rodar por el pavimento hacia el lado derecho. El tráfico, afortunadamente estaba parado. Me levanté lo más rápido posible y con mi rostro enrojecido por la pena acomodé la bicicleta sobre la banqueta y comencé a levantar las naranjas. Eso sí ¡ninguna naranja se perdió!

---

[61] Hoy ya es otra compañía.

**Parte del Acueducto en la ciudad de
Morelia, Michoacán, México.**

Otros accidentes similares me sucedieron con el tiempo pero,
siempre cumplí con los deseos de la señorita Elena. ¡Ah, pero
eso no quiere decir que siempre salí ileso! ¡Nooo! En algunas
ocasiones los codos, las rodillas, las muñecas y otras partes del
cuerpo fueron raspadas o adoloridas por el pavimento cuando
me caía de la bicicleta. La peor parte estaba en el cansancio, el
Mercado estaba retirado de la Casa Hogar y, después de tres o
cuatro viajes llegaba rendido al Hogar. Por lo general, después
de cumplir con el trabajo de chofer de bicicleta, me acostaba a
descansar y dormir un poco.

Pero, ¿qué hacía la señorita Elena? Ella no llegaba a descansar
sino a preparar la comida. Llegaba a ir y venir de un lado para
otro. Atendía la cocina mientras veía que prepararan el comedor.
Bajaba las escaleras para ver si habían terminado de lavar la
ropa al tiempo que veía si todas las otras actividades estaban
terminadas. ¿Sábado de descanso para la señorita Elena? ¡Jamás
fue tal cosa! Era un día muy atareado para ella. . . .

¡Era el "Día del Mercado"!

EXPERTA COCINERA

"Da al sabio, y será más sabio;
Enseña al justo, y aumentará su saber."
Proverbios 9:9

En su novela *La Cabaña del Tío Tom*, Harriet Beecher Stowe visita la cabaña del Tío Tom, allí se encuentra con la tía Cloe. Una mujer de color que era la cocinera principal en la "casa vivienda"; es decir, la casa de sus amos. Después de dejar todo listo en la gran cocina de la casa de los esposos Shelby, Cloe se dirige a la cabaña del Tío Tom, una choza de troncos que estaba muy cerca de la casa vivienda. Llegó para "preparar 'la comida de su viejo'."[62]

Así, que cuando Harriet llega a la cabaña del Tío Tom, se encuentra con la tía Cloe. "Es, pues, tía Cloe la que encontramos junto al fogón, dirigiendo el condimento de ciertos manjares contenidos en una cacerola, de la cual se desprenden emanaciones de algo apetitoso. Redondo, negro y reluciente es el rostro de la cocinera. Su rollizo semblante irradia satisfacción bajo la almidonada cofia; pero como todo hay que decirlo, no deja de notársele cierto aire de presunción; porque todos consideran a la tía Cloe como la primera cocinera del lugar".[63]

Sin aire de presunción, la señorita Elena Santiago, no se consideraba la "primera cocinera" de la Casa Hogar *"El Buen Pastor"*, y sin embargo; ¡Lo era!

¡Por supuesto que sí!, la *"Inigualable Sunta"* era toda una experta en las artes culinarias; en la cocina era toda una chef

---

[62]   Harriet Beecher Stowe. *La Cabaña del Tío Tom*. (Las Vegas, Nevada, USA. Sin casa editorial. 12 de diciembre del 2020), Capitulo 4, sin número de página.

[63]   Harriet Beecher Stowe. *La Cabaña del Tío Tom*. (Las Vegas, Nevada, USA. Sin casa editorial. 12 de diciembre del 2020), Capitulo 4, sin número de página.

profesional. Yo no sé donde aprendió o si era algo nato en ella el tener la sazón muy especial para cada platillo, de tal manera que todo guiso le quedaba "como para chuparse los dedos".

Aproximadamente un año y medio después de nuestra llegada al Internado, quedó listo el nuevo comedor, y con ello la nueva cocina y la nueva bodega para los alimentos. Estos inmuebles fueron construidos en el lado oeste del cuarto principal del Internado. La cocina fue relativamente un poco más grande que la anterior, la bodega como dos veces más grande pero, el comedor era inmenso; como tres veces más grande que el anterior.

Así que, a mí me pareció que cuando la señorita Elena estrenó la nueva cocina se pulió más en su arte culinario. A pesar del mucho ejercicio que hacíamos con los trabajos de la huerta, los domésticos y los deportes de todos los días, engordamos un poco más. Mi estómago, que de por sí ya era abultado, con las comidas preparadas por las maravillosas manos de la señorita Elena, aumentó un poco más.

COMEDOR DE LA CASA HOGAR

Allí pues, en su nueva cocina, la experta en la materia alimenticia preparaba los deliciosos desayunos con mucho amor para sus hijos, a los cuales nunca considero adoptivos ni mucho menos un interno más, sino que a cada uno nos trató como si fuéramos en verdad el fruto de sus entrañas. Por eso los desayunos eran una sabrosa avena con leche y una pieza de pan dulce, frijoles y tortillas de maíz, o, en el lugar de avena, era trigo molido también con leche. ¡Ummm! Aun me saboreo aquellos ricos desayunos.

La comida del medio día era todo un banquete. Casi nunca, mejor dicho, desde que me internaron en la casa Hogar, hasta el último día de mi estancia en ese recinto sagrado, siempre comimos arroz. Después, con el tiempo, en mis visitas al Hogar, ¡allí estaba el arroz esperándome! ¡Bendito grano que Dios creo para alimentarnos! ¿Y qué decir de las salsas? Comíamos de todas clases; picantes, algo dulce, con jitomate o tomate verde; llamado también de cascara. Con ajo a sin él. Con cebolla y sin ella. Molida en la licuadora o en el molcajete. Con cilantro y sin él. Algunas más con chiles que con jitomates o viceversa. Las salsas eran para el desayuno, la comida y la cena. Pero especialmente, las salsas eran para la hora de la comida. ¿Carne? Pero, ¿había carne para la comida? ¡Claro que sí! Ya fuera esta de res o de pollo, se servía en diferentes guisados y caldos. La carne de cerdo casi nunca la comimos. Nuestra experta cocinera sabía que la carne de cerdo no es muy saludable.

Para la hora de la comida -13:00 horas, una de la tarde - teníamos un sabroso guisado de carne, arroz, frijoles, tortillas de maíz, fruta y además un ingrediente de suma importancia en nuestro cuidado alimenticio pero que, a muy pocos nos gustaba; ¡Las Verduras!

¡Ah! ¡Cómo recuerdo esos gestos mientras comíamos las verduras! Especialmente si se tratara de comer la mostaza o las acelgas, ambas verduras eran cocinadas solamente con agua y sal, aunque también las zanahorias.

Ahora bien, las verduras se servían primero, antes de cualquier otro alimento, primero había que comerse las verduras. Ahora bien, les comento que ese alimento no era opcional. La regla era, te las comes o no comes otra cosa. La señorita Elena sabía que, además de la disciplina, el comer las verduras era algo muy importante para un crecimiento saludable. Usualmente a las 6:00 p.m. la señorita Elena servía la cena y allí estaba otra vez la avena o trigo con leche, además de lo que sobraba de la comida; arroz, frijoles, tortillas y salsa. Después de una tarde de trabajos y deportes, ¡qué ricos sabían los "refritos"!

En fin, *la Inigualable Sunta*; la experta en el arte culinario, le daba un sabor a sus guisados que era casi imposible dejar algo para el día siguiente. Es decir que las palabras del proverbista, cuando dijo: "Da al sabio, y será más sabio; Enseña al justo, y aumentará su saber",[64] tal parece que estaba hablando de la señorita Elena Santiago López, pues mientras nos enseñaba y prepara para la peregrinación que nos esperaba al salir del *"Hogar"*, Dios le daba más sabiduría; Dios le enseñaba a esta sierva que fue justa en todo su proceder, y aumentaba su *"saber"* culinario de la misma manera como su *"saber"* aumentaba en las artes de la Biblia y la dirección de la Casa Hogar *"El Buen Pastor"*.

¡Ah, la experta cocinera! La recuerdo allí de pie tras las enormes ollas de la comida sirviéndonos sus deliciosos alimentos con un amor y una satisfacción que se le notaba en su rostro por haber cumplido un día más con su deber; dar de comer en abundancia a sus hijos hambrientos. En lugar de enojarse por oírnos arrutar, le daba gracias a Dios porque sabía que estábamos satisfechos con sus ricos alimentos.

No había pues ninguna duda entre los hijos e hijas de la Casa Hogar *"El Buen Pastor"* de que la *Inigualable Sunta* era, también una. . .

¡Inconfundible y Experta Cocinera!

64   Proverbios 9:9, (NVI).

LA HUERTA EN LA CASA HOGAR "EL BUEN PASTOR"

A principios de los años 60s, Israel y Eleazar Barajas en
la huerta de la Casa Hogar "El Buen Pastor" con la Pirata
esperando que suelte el conejo para atraparlo.

DISTRIBUCIÓN DE TRABAJOS

"Ve a la hormiga, oh perezoso, mira sus caminos y sé sabio;... Con sabiduría se edificará la casa, y con prudencia se afirmará."

Proverbios 6:6; 24:3

Por lo general todo mundo agachaba la cabeza cuando la *Inigualable Sunta* se paraba al frente del comedor con su lista de trabajos en mano. A cada uno, desde el más pequeño hasta el más grande, nos asignaba un trabajo doméstico o no doméstico sino de mantenimiento y asistencia. Dicho trabajo lo teníamos que realizar por una semana o quizás por dos.

Los trabajos que considerábamos domésticos eran:

1.- *Lavar los platos.* Este era un trabajo que requería la ayuda de seis personitas; es decir, niños, dos para cada hora de los alimentos: Es decir que se necesitaban, dos después del desayuno, dos después de la comida y dos después de la cena.

2.- *El comedor.* Este también era un trabajo doméstico realizado por parejas. Usualmente dos niñas eran las encargadas de preparar el comedor con servilletas, cucharas, tenedores y los demás utensilios que se usaban para cada comida. Después de tomar los alimentos se hacía el aseo del inmueble; quitar los platos, vasos y todo aquello que se había usado y llevarlos a la cocina para ser lavados. Se barría y se trapeaba. En fin, se dejaba completamente limpio para la siguiente ocasión.

3.- *La cocina*. Otro de los trabajos domésticos era la limpieza de la cocina que por lo general lo hacían dos señoritas y un varoncito. Este trabajo comenzaba desde las seis de la mañana hasta que la cocina se cerraba; después de la limpieza por la noche.

Los otros trabajos domésticos menos cansados y que solamente se hacían una sola vez en el día eran:

4.- *La limpieza del patio*. Se barría cada día. Inclusive el día domingo.

5.- *La limpieza de los pasillos*. Aunque era una sola vez, era un trabajo algo pesado para un niño o niña, pues además de barrerse, también se trapeaba.

6.- *Los baños*. Tanto el de las niñas como el de los niños y los de las visitas, deberían de quedar completamente limpios todos los días.

7.- *Los cuartos*. Todos ellos se barrían, se trapeaban y se sacudían todos los días y los siete días de la semana. Todas las camas deberían de estar bien tendidas desde el mismo instante en que uno se levantaba.

Cuando pavimentaron las calles Madrigal de las Altas Torres y la de Carpinteros de Paracho,[65] surgió otro trabajo:

---

[65]   Estas calles estaban empastadas en algunas partes y otras partes era pura tierra. Cuando llovía, entre el lodo jugábamos futbol.

8.- *barrer las banquetas.* Entre dos niños o niñas barrían la cuadra y media de banqueta que comprendía la propiedad del Internado, aunque la parte sur casi nunca se barrió; lo hacían las lluvias.

ISRAEL BARAJAS

Ayudando en la construcción de la Casa Hogar *"El Buen Pastor"* en la ciudad de Morelia, Michoacán, México

Los trabajos que no se consideraban como domésticos eran:

9.- *La hortaliza.* Es decir, la preparación de la tierra, la siembra, el cuidado y la cosecha de las verduras. Por lo general este fue el trabajo de los varoncitos, aunque algunas niñas también lo hacían de vez en cuando. De allí, de ese trabajo se llevaban a la mesa del comedor zanahorias, brócoli, coliflor, lechuga, rábanos, ejotes, calabacitas, mostaza y otras clases de verduras. Este era un trabajo de lunes a sábado.

10.- *La carpintería.* Allí se reparaban los muebles de madera y se hacían los que se iban necesitando. Este si era un trabajo especialmente para los varoncitos más mayores, con los cuales se tenía mucho cuidado, pues las herramientas de trabajo eran un poco peligrosas. Este era un trabajo esporádico, pues la carpintería se habría sólo cuando había algo que hacer o reparar.

11.- *La lavandería.* Este era un trabajo exclusivo de las niñas y señoritas, no sé porque, pero así eran las reglas. También no era un trabajo de todos los días, dos veces por semana, cuando mucho tres días. Pero, especialmente los sábados.

12.- *El molino.* ¡Ah! ¡El temible trabajo del molino! Casi nadie quería este tipo de trabajo. Era sólo para los varones. Parecía ser y, en realidad lo era, el más sencillo de todos los demás, pero, había que levantarse a las cinco de la mañana y, ¡eso era el gran problema! Especialmente en el invierno. En la ciudad de Morelia hace frío en ese tiempo. La actividad era cargarse una tina grande sobre la cabeza que contenía nixtamal y llevarla hasta el molino más cercano; casi tres cuadras; como unos quinientos metros, mil ida y vuelta. Esperar que molieran el nixtamal y, ya hecho masa regresarlo al Hogar. Allí esa masa se convertía en las ricas tortillas para el desayuno, la comida y la cena. Era un trabajo de todos los días, excepto el domingo. Mejor dicho, de todas las mañanas.

13.- *La tortillería.* La tortillería era un pequeño cuartito junto a la lavandería en el patio de abajo del Internado. Allí, sólo las mujeres, por lo general dos de ellas, entraban en acción desde las seis de la mañana, ahora en que llegaba el molinero, hasta terminar con toda la masa, no se guardaba nada para el otro día.

14.- La costura. Este era un trabajo para las niñas. Ellas eran las encargadas de zurcir nuestros calcetines, poner los botones de las camisas, poner parches a los pantalones. En fin, las niñas aprendían a reparar, o zurcir, o remendar la ropa que usábamos.

Cuando la *Inigualable Sunta* terminaba de distribuir los trabajos, volvía a su cocina; a sus actividades y al mismo tiempo salía a supervisar que cada uno de los trabajos y trabajadores que había encomendado estuvieran listos, unos antes del desayuno y otros durante el día.

¿Sorprendido (a)? Cuando estuve allí como interno no entendía toda esta actividad de una sola persona, pero cuando fui adquiriendo responsabilidades, me he estado preguntado: ¿cómo le hacía la señorita Elena Santiago López para estar al tanto de todo y en todo? Hoy me doy cuenta que Ella era una representación gráfica de estas palabras: *"Ve a la hormiga, oh perezoso, mira sus caminos y sé sabio;... Con sabiduría se edificará la casa, y con prudencia se afirmará"*.[66] Dejaba la cocina, se encaminaba al comedor; dejaba el comedor y se encaminaba a la lavandería; dejaba la lavandería y se encaminaba a supervisar los trabajos que ya he mencionado: ¡Era una "hormiguita" que siempre estaba buscando que hacer para el bien de los demás!

No cabe duda que en asuntos de la distribución y supervisión de trabajos, la *Inigualable Santa* era, también,. . .

¡Una Experta En La Materia!

---

[66] Proverbios 6:6; 24:3. (NVI).

Niñas de la Casa Hogar
"El Buen Pastor"
de la ciudad de Morelia, Michoacán. Mexica, cumpliendo con sus trabajos domésticos.
Septiembre del 2018

El patio principal en la Casa Hogar
"El Buen Pastor"
de la ciudad de Morelia, Michoacán, México.
Agosto del 2018

LA DISCIPLINA

La vara y la corrección dan sabiduría;
Mas el muchacho consentido avergonzará a su madre.
Proverbios 29:15

Como padre que soy, entiendo el dolor que la *Inigualable Sunta* sentía al disciplinarnos. Estoy bien seguro que muchas veces no lo quiso hacer, sin embargo ella sabía que era necesaria la disciplina. María Elena T., una de la exalumnas de la Casa Hogar, cuenta que la disciplina de la señorita Elena Santiago era firme. Dice que a ella la disciplinó muy severamente y a cada instante pero, hoy, ya una mujer con hijos y nietos, agradece la disciplina recibida en El *"Hogar"*, pues la preparó para las luchas en la vida.

Cuando recibíamos la disciplina de parte de la señorita Elena, no la entendíamos; algunos pensábamos en ese entonces que, era porque le gustaba castigarnos. Hoy, como adultos, sabemos que la señorita Elena no deseaba que al correr el tiempo nos enfrentáramos al mundo indisciplinados. Por eso es que, aun con todo el dolor de su corazón, tenía que aplicar la disciplina. La señorita Elena Santiago sabía que "la fruta es el resultado de un proceso largo – labrar la tierra, sembrar las semillas, regar las plantas, protegerlas de insectos, y esperar la cosecha".[67] En este proceso entraba la disciplina. Esperaba ver el fruto de su trabajo en nuestras vidas; fruto agradable a Dios.

Sin entrar con muchos detalles sobre las diferentes clases de disciplina que recibíamos, especialmente por parte de la *Inigualable Sunta*, de las tres más comunes que se aplicaban en la Casa Hogar, que yo recuerdo -¿por qué será que las

---

[67] Gloria Furman. *Destellos de Gracia: Cómo atesorar el evangelio en tu hogar.* (Medellín, Colombia. Poiema Publicaciones. 2017), 58.

recuerdo?-, dos de ellas, para mí, eran las más vergonzosas; más vergonzosas que dolorosas físicamente.

Primera: Una de ellas era el estar parado junto a la puerta del comedor o a una ventana viendo comer a todo mundo. ¡Ese era un castigo terrible! Máximo cuando algunos de los niños, y también algunas de las niñas se saboreaban la comida a propósito delante de uno, con exclamaciones que llegaban a los oídos y de allí a la boca para que esta se llenara de saliva. – Me parece que por naturaleza, de niños somos crueles- ¡Pero ese no era todo el castigo! La pena máxima era no comer fruta; naranja, pera, uvas, o cualquier otra fruta que se sirviera con las comidas como postre. Ahora bien, ¿por qué se aplicaba esta disciplina? Porque no se comía las verduras. Recuerde, estas no eran opcionales. También se aplicaba esta disciplina por robarle la comida al compañero (a) de a lado o de enfrente. Muy pocas veces fue por causa de un pleito sencillo.

La segunda disciplina era parar al culpable delante de todos en el comedor con las manos extendidas hacia el frente y recibir de cinco a diez reglazos. En algunas ocasiones fue con una vara de membrillo, en cada mano. En algunos casos no eran las manos las que recibían el castigo sino las nalgas. NO era un castigo físico desenfrenado ni muy doloroso, el mayor dolor era que se hacía frente a todos; la vergüenza era el peor castigo, mucho más que los reglazos.

Pues bien, llorar frente a todos era un motivo de burla de muchos días, lo cual aumentaba la disciplina – recuerde que los niños son crueles -. Así que, cuando éramos disciplinados – yo casi nunca lo fui, pues era el niño bueno de la familia, o quizás más astuto que otros –, en fin, cuando éramos disciplinados de esa manera, apretábamos los dientes y llorábamos hacia adentro todo lo que pudiéramos para que no saliera una sola lágrima hacia afuera, aunque, algunos fracasaban en su intento. El motivo por el cual se aplicaba esta disciplina era en casi todos los casos por robo.

La tercera disciplina, que no era tan vergonzosa era cuando nos lavaban la boca con jabón corriente; jabón para lavar la ropa. La razón por la que no era tan vergonzosa era porque no se aplicaba delante de todos, aunque se hacía en el patio, no era anunciada ni a una hora determinada. La disciplina de lavar la boca con jabón corriente era por usar un vocabulario indecente. ¿Quién se imagina que aplicaba estas disciplinas? ¿Quién más pudiera ser? ¡Claro que sí! *La Inigualable Sunta*. Aunque en algunos casos, muy rara vez la directora del plantel los ejecutaba.

Quiero que quede bien claro lo siguiente, ya fuera la *Inigualable Sunta* o la Directora del plantel quien aplicara la disciplina. Nunca Lo Hicieron Con Coraje Desenfrenado Ni Se Ensañaron Contra Los Niños, Siempre Lo Hicieron Con Amor y Con Un Deseo De Ser Ellas Las Disciplinadas En Lugar De Sus AMADOS HIJOS. El Proverbista dijo acertadamente: "La vara y la corrección dan sabiduría; más el muchacho consentido avergonzará a su madre".[68]

Ellas, las señoritas Myrtle May Paulsen y Elena Santiago López, aunque en ocasiones, algunos y algunas de los hijos de la Casa Hogar nos sentimos los consentidos ya fuese de la señorita Elena o de "Polsiton". Por ejemplo, todos los contemporáneos de Jesús Busio Rocha, sabíamos que él era el consentido de la Señorita Paulsen, pero, a un sí, él también era disciplinado al igual que todos y todas. Ellas se preocuparon por hacer caso de los principios bíblicos porque sabían que con ellos nunca las avergonzaríamos.

Fue con ese espíritu; espíritu controlado y guiado por el Espíritu Santo y los sabios consejos bíblicos que, la *Inigualable Sunta*, quien era una mujer muy disciplinada deseaba que cada uno de sus amados hijos e hijas camináramos con la frente en alto.

---

[68] Proverbios 29:15. (NVI).

Otro de los objetivos de la disciplina era formarnos una actitud positiva; es decir, sacarnos del "casillero" en el cual nuestros familiares nos metieron. Todos lo hacemos; todos encasillamos a los miembros de la familia. ¿Cómo lo hacemos? Desde que nacemos ya alguien de alguna manera particular o en dado caso, todos los familiares y aun los amigos comienzan a decirnos a quien nos parecemos. De mi persona dijeron que me parecía a mi mamá, de mi hermano Israel dijeron que se parecía a mi papá. Luego cuando entramos a la escuela nos etiquetan por el coeficiente intelectual – dicen: "Este es más sabio e inteligente que sus hermanos o hermanas" -. Y así sucesivamente. Aquí es donde cabe el dicho: "Hijo de tigre, pintito".

Dios le dio a la señorita Elena Santiago López la sabiduría para que con la disciplina nos sacara de los casilleros. Lo hizo con palabras que quedaron en nuestra mente como un sello que representa propiedad. Por ejemplo: "Un niño 'encasillado' fue Adam Clarke, que nació en el siglo dieciocho en Irlanda. Cuando Adam era escolar su padre le dijo al maestro que no aprovecharía la escuela.

- El maestro le respondió: 'Parece inteligente'.

- Esa declaración cambio su vida, lo sacó de la casilla en la que su padre lo había metido. Vivió hasta los setenta y dos años y llegó a ser un gran erudito, un gran predicador de la Iglesia Metodista Inglesa, autor de varios comentarios y de un libro titulado *Christian Theology* –Teología Cristiana-."[69]

Este fue uno de los grandes ministerios de la señorita Elena Santiago. Con sus devocionales, con sus sabias palabras y con una disciplina adecuada a nuestra edad, nos sacó de los

[69] John C. Maxwell. *Actitud de Vencedor: La clave del éxito personal.* (Nashville, TN. Editorial Caribe. 1997), 87-88.

casilleros en los que nos habían metido por una u otra razón. Una vez más, notemos lo que dice el proverbista: "La vara y la corrección dan sabiduría; Mas el muchacho consentido avergonzará a su madre".[70] Ambas, tanto la señorita Elena como la señorita Paulsen, nos disciplinaron para no causar vergüenza a nadie, menos a nuestros familiares.

No es de sabios solo el andar
Sino también de aconsejar
Del cómo caminar.

Con la sabiduría que Dios les concedió a estas *Madres Ejemplares*, nos sacaron de los casilleros para que fuéramos...

Completamente Disciplinados;
En Un Mundo Indisciplinado.

---

[70] Proverbios 29:15, (NVI).

LOS DEVOCIONALES

Instruye al niño en su camino,
y aun cuando fuere viejo no se apartará de él.
Yo amo a los que me aman,
Y me hallan los que temprano me buscan.
Proverbios 22:6; 8:17

Por lo general, los amaneceres en la ciudad de Morelia son iguales, rara vez amanece lloviendo o con neblina o sencillamente el día nublado, aun en tiempo de lluvias; por lo general, las mañanas son algo frías pero soleadas. ! Ah, cómo recuerdo esos hermosos amaneceres en Morelia, Michoacán! Ya fuese con mi escoba en mano o el trapeador, el sol matutino me sorprendía haciendo mi trabajo doméstico. Sin embargo, había otra actividad, la cual era muchísimo más importante que cualquier otra, me refiero al *Tiempo Devocional.*

Hudson Taylor, en su: *Secretos Espirituales: Tesoro devocional para 30 días,* reta a una fe mucho más grande de lo que se cree ya tener. "En estas treinta lecturas devocionales Taylor comparte con los creyentes los secretos espirituales que transformaron su vida y su obra, los cuáles retarán al lector a tener una fe más grande".[71]

En páginas anteriores de este libro, se hizo mención de que el Doctor Alfred Benjamín De Roos, cada mañana acostumbraba subir al cerrito que estaba en la propiedad de la Casa Hogar en la ciudad de Pátzcuaro, Michoacán.

---

[71] Hudson Taylor. *Secretos Espirituales: Tesoro devocional para 30 días.* (La Habra, California. Internet. Publicadora: Faro de Gracia. Consultado el 25 de diciembre del 2020), ¿? https://www.farodegraciacolombia.com/secretos-espirituales-tesoro-devocional-para-30-dias-tapa-dura

Recordemos que el Dr. Ross construyó sobre la cumbre del cerrito una casita a la que llamó: *Casa de Oración.* Allí, cada mañana oraba encomendado las vidas de cada uno de los miembros de la Familia del Hogar en las manos de Dios. ¡Era su *Tiempo Devocional!*

Los ejemplos de estos dos hombres de Dios fueron parte de la motivación espiritual en la vida de la señorita Elena, la cual, siguió sus ejemplos mientras ministraba en la Casa Hogar. Con seguridad, lo hacía también todos los días dentro y fuera de la Institución, esto incluían sus vacaciones.

Entonces, pues, el *Tiempo Devocional* era otra oportunidad que la *Inigualable Sunta* aprovechaba para forjarnos como hombres y mujeres de bien. Cada mañana, terminando el desayuno, la *Inigualable Sunta* habría su Biblia frente a todos nosotros y, allí en el comedor, nos invitaba a leer algún pasaje bíblico. Con aquel carisma muy peculiar de la señorita Elena Santiago, nos explicaba la porción leída y luego con una maestría admirable mostraba su aplicación práctica; para el momento y para el futuro también.

Después de unos quince, o cuando mucho veinte minutos de lectura, explicación y lo práctico, nos invitaba a memorizar el texto clave de la lección. Terminaba esta hermosa labor espiritual con una oración o invitando a alguno de los niños o niñas a que invocase la oración final ¡Ya sabíamos orar! Ella nos había enseñado este arte eclesiástico. Además, hoy podemos recitar porciones de la Sagrada Escritura porque ella nos ayudó a memorizarlas.

Fue a raíz de ese *Tiempo Devocional* que logré memorizar algunos de los pasajes bíblicos que he usado como estandartes en el correr del tiempo. Tales textos y pasajes como por ejemplo:

"Porque de tal manera amó Dios al mundo, que ha dado a su Hijo unigénito, para que todo aquel que en él cree, no se pierda, más tenga vida eterna" (Juan 3:16).

"He aquí, yo estoy a la puerta y llamo; si alguno oye mi voz y abre la puerta, entraré a él, y cenaré con él, y él conmigo" (Apocalipsis 3:20).

"Más Jehová está en su santo templo; calle delante de él toda la tierra" (Habacuc 3:20).

"Oye, Israel: Jehová nuestro Dios, Jehová uno es. Y amarás a Jehová tu Dios de todo tu corazón, y de toda tu alma, y con todas tus fuerzas" (Deut, 6:4-5),[72] y muchos otros más.

Mientras tanto, allí en la Casa Hogar *"El Buen Pastor"* en la ciudad de Morelia, por las noches, después de la cena, no nos retirábamos a nuestros cuartos sin antes tener un "mini" devocional. Cuando digo *"mini"* es porque solamente cantábamos uno o dos coritos y recitábamos algún texto de los muchos que ya habíamos memorizado. En algunas ocasiones recitábamos el texto que habíamos memorizado por la mañana. Después orábamos; de una a tres oraciones y salíamos a descansar a nuestros respectivos cuartos.

Ahora bien, para la *Inigualable Sunta* esta actividad no era una actividad nueva para ese día, pues ya ella había tenido su propio devocional. Antes de comenzar las actividades del día, la señorita Elena Santiago tomaba un tiempo para leer la Biblia y hablar con el Señor Jesucristo. No sé exactamente a qué hora todas las madrugadas la *Inigualable Sunta* y su Dios estaban platicando. Una cosa sí sé, y es que, desde las cinco de la mañana la veíamos - en ocasiones sólo la escuchábamos - caminando con su inseparable tetera en la mano con rumbo a la cocina para preparar el café.

---

[72] Juan 3:16, Apocalipsis 3:20, Habacuc 2:20, Deuteronomio 6:4-5, todos en la Versión Reina-Valera. Además aprendimos el Salmo 23, el Salmo 17, el Salmo 103 y otros pasajes bíblicos.

Así pues, la *Inigualable Sunta*, desde muy temprano ya estaba allí de rodillas frente a su cama leyendo su Biblia y orando. ¿Qué cómo sé de esta actividad tan secreta de la *Inigualable Sunta*? Lo sé muy bien porque algunas madrugadas, cuando yo regresaba de mis andadas (Vea *El Tercer Descanso*: Las Salidas Nocturnas), al pasar frente a su cuarto, la luz de su lámpara resplandecía por la ventana indicándome que allí estaba la señorita Elena de rodillas frente a su cama con la Biblia abierta y platicando con su Dios.

Cuenta la historia que "George Müller empezaba cada día con varias horas de oración, imploraba a Dios que atendiera las necesidades prácticas de su orfanato.… Susannah Wesley, madre atareada sin privacidad alguna, se sentaba en una mecedora con el delantal puesto sobre la cabeza, orando por John, por Charles y por el resto de sus hijos".[73] Esto es precisamente lo que hacía la señorita Elena Santiago, oraba por las necesidades de la Casa Hogar y por cada uno de nosotros a quienes consideraba como sus hijos. El apóstol Santiago dice que debemos orar unos por otros para ser sanados. Y luego afirma: "La oración eficaz del justo puede mucho". Pone como ejemplo al profeta Elías cuando "oró fervientemente para que no lloviese, y no llovió sobre la tierra por tres años y seis meses".[74] ¡Esa fue una poderosa oración! Las oraciones de la señorita Elena Santiago no fueron de menor eficiencia; sus oraciones ayudaron a mantener la Casa Hogar "*El Buen Pastor*" protegida y sustentada todo el tiempo de su ministerio en ella. El tiempo que la señorita Elena pasaba platicando con Dios fue un tiempo muy eficaz.

Lo que la *Inigualable Sunta* nos compartía durante el *Tiempo Devocional* no era algo espontaneo ni superficial, no era como algunos predicadores dicen que en el momento de pararse detrás del pulpito, el Espíritu Santo les dará el mensaje de ese día. No,

---

[73]   Philip Yancey. *La oración: ¿Hace alguna diferencia?* (Miami, Florida. Editorial Vida. 2014), 14.

[74]   Santiago 5:16-17, (RV60).

no era este el caso con la señorita Elena. Ella, la *Inigualable Sunta*, ya se había alimentado; ya había recibido la fuerza y el alimento espiritual que en ese Tiempo Devocional nos compartía ¡Con razón tenían tanta fuerza sus enseñanzas! El proverbista dijo: "Instruye al niño en su camino, y aun cuando fuere viejo no se apartará de él", y luego agregó: "Yo amo a los que me aman, Y me hallan los que temprano me buscan".[75] Y esto era precisamente lo que la señorita Elena Santiago López hacía, era su *Modus Vivendus*; enseñarnos y buscar a Dios muy temprano.

La señorita Elena, nos instruyó para la vida futura y nos mostró que el éxito es la dependencia y comunión con Dios todos los días.

Alguien escribió lo siguiente:

"Cuando pensamos en Dios,
Sentimos esperanza.
Cuando hablamos con Dios,
Sentimos su presencia.
Pero cuando creemos en El,
Vemos su gloria".[76]

Este ideal, creo yo que, fue uno de los propósitos que tenía la señorita Elena al compartirnos las enseñanzas de la Biblia; quería que tuviéramos esperanza; quería que sintiéramos la presencia de Dios en nuestras vidas; quería que viéramos la gloria de Dios aun en nuestra corta vida. Por eso es que nos hacía pensar en Dios mediante la lectura de la Biblia. Nos hacía hablar con Dios mediante la oración y, nos invitaba a creerle a Dios con el fin de que pudiéramos ver la gloria de Dios en la Casa Hogar y en nuestras vidas.

El apóstol Pablo, en cierta ocasión les dijo a los hermanos de la ciudad de Filipos en Macedonia que oraba por ellos. El oró

---

[75]   Proverbios 22:6; 8:17, (RV).

[76]   Correo electrónico que me enviaron más de una persona el día 4 de enero de 2019.

diciendo: "Esto es lo que pido en oración: que el amor de ustedes abunde cada vez más en conocimiento y en buen juicio, para que disciernan lo que es mejor, y sean puros e irreprochables para el día de Cristo, llenos del fruto de justicia que se produce por medio de Jesucristo, para gloria y alabanza de Dios".[77]

No me cabe la menor duda de que esta era parte de la oración de la señorita Elena Santiago López; una oración que hacía cada mañana. Oraba para que aumentara nuestro conocimiento de Dios y de su Palabra; oraba para que fuéramos hombres y mujeres de buen juicio en un mundo de injusticias; oraba para que pudiéramos discernir lo que sería lo mejor para nuestras vidas; oraba para que diéramos frutos de justicia que mostraran la gloria de Dios. *La Inigualable "Sunta"* nunca dejó de orar por cada uno de nosotros.

En algún lugar leí que la oración revela la mente de Dios. Esto es que, si soy humilde, si me humillo delante de él, si me someto a su voluntad, si mi vida está rendida a la dirección de Dios y a la guía del Espíritu Santo, entonces, mi oración me revelará la mente de Dios. ¡Esto era precisamente lo que podíamos ver en la persona de la señorita Elena! Fue una mujer humilde ante Dios, rendida a la voluntad del Señor y siempre esperando ser guiada por el Espíritu Santo.

Ahora entiendo. Los años me han enseñado la razón por la cual esta *Madre Ejemplar* tenía la autoridad divina. En mi niñez y adolescencia sólo la oí y la vi con una energía y autoridad de Padre y Madre; hoy, pues, entiendo que la *Inigualable Sunta* era, también, una inagotable "fuente divina" porque siempre tenía una palabra de Dios para nosotros o para cualquiera que se le acercaba por consejo, apoyo o sencillamente…

Para Platicar Con Ella

¡Y TAMBIÉN LOS DOMINGOS!

"A la sabiduría engrandécela,
y ella te engrandecerá; ella te honrará,
Cuando tú las hayas abrazado."
Proverbios 4:8

En el capítulo anterior notamos que una de las prioridades de la señorita Elena Santiago era platicar o dialoga con Dios cada mañana antes de comenzar las actividades del día: ¡Practicaba el *Tiempo Devocional*!

Pues bien, otra de sus prioridades era la asistencia a la iglesia; nunca la vimos tan cansada como para que se quedara en casa los domingos, para descasar. Para la señorita Elena, la asistencia a la iglesia fue algo esencial: ¡Era una prioridad como cristiana!

Para la mayoría de nosotros los fines de semana; sábados y domingos, son días de descanso, no así para la *Inigualable Sunta*. Probablemente el día domingo era uno de los días de más carreras y ocupaciones para la señorita Elena. Ya les he comentado las actividades del día sábado: ¡Era día del Mercado! Pero también era un día muy ocupado para la señorita Elena.

Los días domingos, inmediatamente después del desayuno, la *Inigualable Sunta* se preparaba al mismo tiempo que nos correteaba a todos apresurándonos en nuestra limpieza. Sacaba la ropa del gran armario o ropero y zapatos para algunos que los necesitaban y, así, con ropa limpia y zapatos bien boleados salíamos casi corriendo hacia la iglesia.

Una de las grandes bendiciones que la *Inigualable Sunta* compartía conmigo era que en muchas ocasiones, los domingos, cuando yo tenía entre ocho o nueve años de edad, me tomaba de la mano y salíamos a toda prisa del recinto sagrado para poder llegar a tiempo a la primera actividad dominguera de la Iglesia Presbiteriana - ¿ya te das cuenta que sí era yo el consentido? -. Esperábamos el camión urbano en la esquina de las calles Carpinteros de Paracho y la Avenida Acueducto el cual nos dejaba a dos cuadras de la localización de la Iglesia Presbiteriana. Aunque, algunas ocasiones, cuando no había el dinero para el pasaje caminábamos. ¡Era una caminata de casi una hora! La Iglesia Presbiteriana estaba en el centro de la ciudad y la Casa Hogar en una colonia; En la Colonia Vasco de Quiroga, al este de la ciudad de Morelia. Estamos hablando de una distancia entre tres a cuatro kilómetros. La Iglesia Presbiteriano estaba situada a una cuadra al sur de la Catedral Metropolitana de la ciudad de Morelia, Michoacán. Por supuesto que la caminata era de ida y vuelta. Y allí, por esas calles; la Avenida Acueducto y la Madero, que son las principales calles para llegar a la Iglesia, la señorita Elena caminaba a un paso firme y rápido cargando su pesada Biblia y el material de la Escuela Dominical en un morral.[78]

La señorita Elena Santiago López frente al portón principal de la Casa Hogar "*El Buen Pastor*" en la ciudad de Morelia.
Un domingo del mes de diciembre de 1965, saliendo para la iglesia presbiteriana con una parte de sus hijos.

---

[78] *Morral.* Bolsa que se puede colgar del hombre, es hecha a mano ya sea de hilos tejidos, de plásticos o de tela bordada. Bosa muy práctica para cargar utensilios diversos.

Así pues, ya fuese en camión; unos quince o veinte minutos, o caminando, cada domingo allí estábamos a tiempo para las actividades correspondientes. Y, ¡Sorpréndase! ¡Allí, en la Iglesia Presbiteriana, la *Inigualable Sunta* era Maestra de la Escuela Dominical! ¡Era mi Maestra! ¡Ah, qué mujer de Dios! Sí, a esta mujer de Dios no había barrera que le impidiera cumplir con sus obligaciones y deseos. En su mente y corazón estaban plasmadas estas palabras: "Toda la Escritura es inspirada por Dios y útil para enseñar, para reprender, para corregir y para instruir en la justicia, a fin de que el siervo de Dios esté enteramente capacitado para toda buena obra",[79] y por eso se esforzaba, caminaba o usaba el camión urbano para enseñar estas verdades, pues sabía que con estas cuatro cosas que hace la Palabra de Dios: Útil para enseñar; útil para reprender; útil para corregir y útil para instruir en justicia, con estas cuatro cosas en nuestras vidas, ella podía ver el futuro de cada uno de nosotros, un futuro de éxito, claro, si cada uno de los miembros de la Familia de la Casa Hogar hacemos lo que ella nos enseñó: ¡Amar y vivir la Palabra de Dios!

De regreso al hogar, entraba a su cuarto sólo para dejar su Biblia, el material educativo y, sin cambiarse de ropa, se ponía su delantal y nuevamente, caminando por los pasillos del Internado se dirigía a "Su" cocina casi corriendo para preparar los alimentos para sus amados hijos. ¡No había para ella un descanso dominguero!

Pero, ¿por qué no lo había? ¿Por qué no había un descanso para la señorita Elena el día domingo? Porque para la *Inigualable Sunta*, el domingo era una gran oportunidad para compartir el mensaje de Dios fuera de las paredes del Internado. "A la sabiduría engrandécela, y ella te engrandecerá; - dijo el proverbista Salomón, y luego agrega: "Ella te honrará, cuando

---

[79] 2 Timoteo 3:16-17, (NVI).

tú las hayas abrazado".[80] El testimonio de los otros alumnos y sus compañeros de Educación Dominical, así como el pastor de la Iglesia Presbiteriana, anunciaron en una Ceremonia especial que la *Inigualable Sunta* era, también,. . .

¡Una Excelente Maestra de Biblia en la Escuela Dominical!

---

[80] Proverbios 4:8, (RV).

¡MILAGRO EN LA CASA HOGAR "EL BUEN PASTOR"!

"HE aquí que no se ha acortado la mano de Jehová para salvar, ni hace agravado su oído para oír:.."
Isaías 59:1, (RVA).

No es de sorprendernos a los que formamos parte de la Familia de la Casa Hogar *"El Buen Pastor"* los milagros; cada día el internado vivía de milagros y sigue viviendo de ellos. Pero el milagro que Dios hizo en la señorita Elena Santiago López es de admirar y de un acto de adoración al Señor.

El comentario del siguiente capítulo dice que cuando hice una visita a la Casa Hogar saludé a la señorita Elena y ella me saludó volteando su cabeza porque estaba muy doblada de su columna vertebral, en ese tiempo ya no podía ver de frente, caminaba encorvada. (Sigue leyendo sobre este asunto en el capítulo que sigue).

Ciertamente que en nuestro tiempo "no se ha acortado la mano de Jehová para salvar".[81] En nuestros tiempo estamos viendo la salvación de muchas personas pero, también es muy cierto que "no se ha acortado la mano de Jehová para" *sanar*. Los cristianos del primer siglo creían en el poder sanador de Dios. En cierta ocasión cuando Pedro y Juan fueron puestos en la cárcel por predicar el evangelio el clamor u oración de ellos y los otros creyentes fue en parte estas palabras: "Ahora, Señor, toma en cuenta sus amenazas y concede a tus siervos el proclamar tu palabra sin temor alguno. Por eso, *extiende*

---

[81]   Isaías 51:9, (RV, 1960).

99

tu mano para sanar y hacer señales y prodigios mediante el nombre de tu santo siervo Jesús".[82] ¡La iglesia sabía del poder sanador de Dios! Gran parte del testimonio de que Jesucristo era el Mesías prometido por Dios fueron los milagros hechos por el mismo Señor Jesucristo y luego por los apóstoles. Los milagros en el Nuevo Testamento confirmaban la Palabra de Dios anunciada. Del mismo modo, el milagro que se realizó en la vida de la señorita Elena Santiago confirmó su fe en el Señor Jesucristo y las enseñanzas que por años estuvo enseñando dentro y fuera de la Casa Hogar *"El Buen Pastor"*.

Debo recordarles que los milagros en la Casa Hogar *"El Buen Pastor"*, tanto en la ciudad de Pátzcuaro como en Morelia, fueron y siguen siendo una de las actividades que Dios ha hecho y sigue haciendo día con día. De niños solo recibíamos, vivíamos y disfrutábamos de los alimentos sin pensar de dónde y cómo llegaron a nosotros. ¡Todos ellos fueron milagros divinos! Por ejemplo, un día, en la ciudad de Pátzcuaro, no tenían nada para desayunar. Como siempre lo hacían, una vez que todos estaban sentados junto a las mesas para desayunar, oraron sin ver nada de alimentos. Casi inmediatamente cuando dijeron "Amén", llegó un señor con una carreta jalada por dos burros, traía leche que no había podido vender en el mercado; ¡Era suficiente leche como para que cada uno de los miembros de la Familia del *"Hogar"* pudiera tener un vaso lleno! Aun no salía el lechero de la propiedad cuando entró un camión; ¡les llevó pan dulce! Así que, aquella mañana, sucedió lo que sucedía cada mañana en el desierto con el pueblo de Israel: Ellos tuvieron maná para desayunar cada mañana.[83] En la Casa Hogar de Pátzcuaro tuvieron leche y pan dulce para desayunar. ¡Dios sigue haciendo milagros!

Por supuesto que esto no es nuevo, Dios ha hecho milagros desde el mismo instante en que hizo la creación – o tal vez

---

[82] Hechos 4:29-30, (NVI). El subrayado y las *itálicas* son mías.

[83] Éxodo 16:1-18.

antes, desde que creo a los ángeles-, luego, a través de toda la historia los milagros de parte de Dios son irrefutables aunque no dudables por aquellos que les gusta más un razonamiento filosófico que un razonamiento justo o legal; los griegos hablaron de este tipo de razonamiento usando la expresión *nous* (conocimiento de causa).

Pero, ¿cuál fue el milagro que se realizó en la vida de la señorita Elena Santiago López? Me refiero a uno de los últimos que Dios hizo con ella y por medio de ella, pues como ya leyeron en las páginas anteriores, toda su vida fue una serie de milagros. Pero al que ahora me refiero es a su sanidad de la espalda. Vean el milagro en la fotografía que aparece en este libro.

Después de caminar encorvada, la señorita Elena Santiago fue visitada una noche por un ángel o, tal vez – como ya lo he mencionado -, por el mismo Señor Jesucristo que le enderezó su espalda. La fotografía que se presenta en este libro, es de un año antes de que la señorita Elena partiera para descansar en las Mansiones Celestiales al lado del Señor Jesucristo.

El autor de la Epístola a Hebreos, hablando del ministerio de los ángeles de Dios, se pregunta: "¿No son todos los ángeles espíritus dedicados al servicio divino, enviados para ayudar a los que han de heredar la salvación?"[84] La respuesta está en la sanidad que la señorita Elena Santiago López recibió. Un ángel del Señor o, posiblemente el mismo Señor Jesucristo la visitó en su cuarto y, ¡la sanó de su espalada! Aquella mañana, después de la visita angelical, la señorita Elena pudo levantarse, caminar y hacer sus tareas en la Casa Hogar sin estar más encorvada. ¡Dios hizo un gran milagro en la persona de la señorita Elena Santiago López! Dios le concedió a la señorita Elena un descanso de su columna vertebral para que pudiera dar testimonio del poder de Dios que tanto ella estuvo enseñando en la Casa Hogar *"El Buen Pastor"* y en los alrededores del internado, pues, recodemos que

---

[84]   Hebreos 1:14, (NVI).

también llevó el Evangelio de Jesucristo de casa en casa en las otras colonias de la ciudad de Morelia. Producto de su trabajo misionero se levantó una misión. Está misión creció y hoy en día es una de las Iglesias Bautistas en la ciudad de Morelia: *La Iglesia Bautista "Jerusalén".*

La Señorita Elena Santiago mirando de frente

¡Hermoso trabajo evangelístico y misionero! Sin embargo, repito, su mayor trabajo misionero fue en la Casa Hogar en donde ministró como enfermera, cocinera, educadora y todas aquellas cosas que he mencionado en las páginas anteriores. Una de las exalumnas de la Casa Hogar, que también, siguiendo el ejemplo de la señorita Elena, al salir del *Hogar* estudio enfermería, comentó con mucho respeto y admiración: *"La Sunta era una maquinita que nunca se le acaba el combustible".*[85]

Gracias al Dios Todopoderoso porque…

¡El Señor sigue haciendo milagros!

---

85   Noemí Melchor. Entrevistada por el autor para recabar datos para este libro.

DANDO TESTIMONIO DEL PODER
DE DIOS PARA SANAR.

La Señorita Elena Santiago López dando su testimonio de la curación de su columna vertebral por un ángel del Señor que la visitó durante la noche. Está en una de las iglesias locales. Ya se puede ver derecha; mirando de frente a la congregación.

Niños de la Casa Hogar

"El Buen Pastor"

En la ciudad de Morelia, Michoacán. México.

Jugando en su tiempo libre.

Agosto del año 2018

SU DESCANSO

Dadle del fruto de sus manos,
Y alábenla en las puertas -del cielo- sus hechos.

Proverbios 31:31

El escritor y compositor norteamericano, Charles Hutchinson Gabriel, nació el 18 de Agosto de 1856 y murió el día 14 de septiembre de 1932. Se cree que escribió y compuso entre 7,000 y 8,000 himnos cristianos, muchos de ellos fueron cantados en las Iglesias Cristianas durante sus días, y después de que el Señor lo llamara a su presencia, aun se siguen cantando.

Uno de los miles de himnos que escribió y compuso en el año 1900, es el que título: *Cuando mis luchas terminen aquí.* También existe con el título: *Gloria sin fin.* Parte de la letra dice:

CUANDO MIS LUCHAS TERMINEN AQUÍ

Cuando mis luchas terminen aquí.
Y ya seguro en los cielo este,
Cuando as Señor mire cerca de mí,
¡Por las edades mi gloria será!

CORO
¡Esa será gloria sin fin,
Gloria sin fin, gloria sin fin!

Cuando por gracia Su faz pueda ver,
¡Esa mi gloria sin fin ha de ser!

Cuando Por gracia yo pueda tener
En Sus mansiones morada de paz,..."[86]

¡Gloria sin fin! Esto es lo que la señorita Elena Santiago
está disfrutando, ahora que sus luchas han terminado aquí.
Después de todos los años de intenso trabajo en la Casa Hogar
"*El Buen Pastor*", ahora ya está descansando rodeada de una
"*gloria sin fin*".

En el ir y venir, de aquí para allá, y de un lado para otro,
como lo hemos ya notado, la *Inigualable Sunta*, literalmente
corrió por todos lados de la Casa Hogar "*El Buen Pastor*", y
fuera de ella sin tiempo para descansar y ni aun tomó mucho
tiempo para comer: ¡Siempre estuvo sirviendo!

En 1989, cuando fue la última vez que vi a la señorita
Elena Santiago, se veía cansada, llena de años; agotada de
todas las actividades habidas y por haber que, había y estaba
aún desempeñando su Ministerio con el mismo amor, pasión y
empeño que me mostró durante los ocho años que permanecí
en la Casa Hogar "*El Buen Pastor*".

Mientras la veía y platicaba con ella recordé unos de los
textos bíblicos que ella me había enseñado: "Dadle del fruto
de sus manos, y alábenla en las puertas sus hechos".[87] Ella se
merecía mi respeto y mi alabanza por todo lo que había hecho
y estaba haciendo a pesar de que aún no se había consumado el
milagro de su espalda. ¡Siempre estuvo sirviendo!

Ciertamente, aunque su fuerza física se había disminuido, su
amor, su entusiasmo, su característica sonrisa y su satisfacción
de una mujer que ya había cumpliendo con su llamamiento
divino – aunque seguía en la lucha - con el encargo que su Padre
Celestial le había encomendado. Un hermoso ministerio que se

---

[86]   Charles H. Gabriel. *Cuando mis luchas terminen aquí*. Tr. Vicente Mendoza. (El
Paso, Texas. Casa Bautista de Publicaciones: Himnario Bautista. 1978), Himno #494.

[87]   Proverbios 31:31, (RV60).

reflejaba en su rostro, ya lleno de arrugas, las cuales le daban más hermosura a su pequeña estatura.

Sí, mi estimado hermano y hermana de la Casa Hogar "*El Buen Pastor*", esa carga que por años había llevado sobre sí se reflejaba en su aspecto físico, aun así, encorvada por los años de trabajo, aquel día en que caminaba por el pasillo como tantas otras veces lo hacía, a su cocina, cargando con su enorme llavero en la bolsa de su delantal, me paré frente a ella, la saludé de mano y voz, volvió un poco de lado su cabeza para mirarme; ya no podía hacerlo de frente,[88] de inmediato me reconoció y se alegró de verme en el *Hogar* que me preparó para enfrentarme a la vida; en ese bendito *Hogar* que me enseño la mejor vida, la vida cristiana.

Durante mis años dentro de la Casa Hogar "*El Buen Pastor*" nunca vi a la *Inigualable Sunta* tomar un día de descanso. Aunque cada año tomaba una semana de vacaciones pero, ¿qué eran ocho días de descanso anual para todo lo que ella hacía? Aunque, a decir verdad, cuando salía a ver a sus familiares, aun allá estaba ocupada en el Ministerio de Jesucristo: Evangelizaba y hacía la Misión de Dios para su vida.

El pastor Jonathan Edwards, en cierta ocasión dijo: "En la gracia eficaz no somos meramente pasivos, ni tampoco se trata de que Dios hace una parte y nosotros el resto, sino que *Dios hace todo, y nosotros hacemos todo. Dios produce todo, y nosotros llevamos a cabo todo...* Somos, en diferentes aspectos, totalmente pasivos, y totalmente activos".[89] Creo que el Pastor Edwards no conoció a la señorita Elena Santiago López, pero sus palabras dan la impresión de haberla conocido en persona y no meramente en una fotografía. Ella fue "en diferentes aspectos, totalmente pasiva, y totalmente activa" en la Casa Hogar "*El Buen Pastor*".

---

[88] Vea. *¡Milagro en la Casa Hogar "El Buen Pastor"!*

[89] Gloria Furman. *Destellos de Gracia: Cómo atesorar el evangelio en tu hogar.* (Medellín, Colombia. Poiema Publicaciones. 2017), 70.

En fin, Dios, en su misericordia, se acordó de ella – aunque en realidad nunca la olvidó, siempre estuvo con ella -. Estando, pues con ella, un día la llamó al descanso Celestial; a su Reino Eterno. ¡Claro que sí!, Dios la llamó para estar con Él para siempre en la eternidad, el día 13 de diciembre de 1994, a los 89 años de edad. La llamó para darle el descanso que tanto merecía; un descanso eterno.

Hoy día, su estado físico descansa en el Panteón *"Jardines del Recuerdo"* en la ciudad de Morelia, Michoacán, en espera de la resurrección final; en espera de ese día cuando su cuerpo será transformado y glorificado de la misma manera como lo fue el cuerpo de Jesucristo.[90] Cuando ese día llegue, el alma y el espíritu de la señorita Elena Santiago López se unirán nuevamente a su cuerpo que ya será transformado para vivir eternamente al lado de su Redentor, de su Salvador y de su Sustentador al que ella tanto amó, me refiero al Señor Jesucristo.

Esta es la esperanza que tenemos como cristianos. Una esperanza que el apóstol Pablo la describe con estas palabras: "Fíjense bien en el misterio que les voy a revelar: No todos moriremos, pero todos seremos transformados, en un instante, en un abrir y cerrar de ojos, al toque final de la trompeta. Pues sonará la trompeta y los muertos resucitarán con un cuerpo incorruptible, y nosotros seremos transformados. Porque lo corruptible tiene que revestirse de lo incorruptible, y lo mortal, de inmortalidad. Cuando lo corruptible se revista de lo incorruptible, y lo mortal, de inmortalidad, entonces se cumplirá lo que está escrito: 'La muerte ha sido devorada por la victoria'."[91]

Esta es una de las razones por la que digo que el estado físico de la Señorita Elena Santiago López descansa en el Panteón

---

90   I Corintios 15:1-58
91   I Corintios 15:51-55, (NVI).

"*Jardines del Recuerdo*" en la ciudad de Morelia, Su cuerpo mortal está allí esperando ser transformado y glorificado. La Biblia hace mención de "una mujer llamada Ana – que - era muy anciana. Se casó siendo muy joven, y había vivido con su marido siete años; - pero que – hacía ochenta y cuatro años que se había quedado viuda".[92] Ana, se había consagrado al servicio del Señor y: "Nunca salía del templo, sino que servía de día y de noche al Señor, con ayunos y oraciones".[93]

Al igual que Ana, la señorita Elena Santiago López, aunque nunca se casó, se consagró al servicio del Señor. Desde muy joven, entregó su vida al Ministerio de Jesucristo para trabajar en su reino y se dedicó al trabajo de la Casa Hogar "*El Buen Pastor*": ¡Esta Casa es parte del Reino de Jesucristo! Ana fue bendecida porque pudo ver al tan esperado Mesías. Lo vio a los ocho días de nacido. Después de esa hermosa experiencia, la Biblia ya no habla más de ella. Ha quedado en las páginas de la historia bíblica.[94]

La Inigualable Sunta, después de cargar con semejante tarea por años (el Ministerio y la Administración de la Casa Hogar no es una tarea sencilla ni de pocas horas), ella, *La Inigualable Sunta*, desempeñó este Ministerio por años, ¡muchos años! Es decir, ¡69 AÑOS! En esos años de arduo trabajo entre nosotros, ella también fue bendecida al ver generación tras generación de sus hijos e hijas crecer y ser personas que hacen la diferencia en este mundo. Nos educó para eso. En sus últimos días estuvo mirando hacia abajo a causa de su pesada tarea. ¡69 AÑOS! ¡Muchos Años! Pero Dios le dio un poco de descaso cuando enderezó su columna vertebral. Su último año de vida pudo mirar de frente y saludar de frente.[95] Y, al final de su jornada

---

[92]   Lucas 2:37a, (NVI).

[93]   Lucas 2:37b, (NVI).

[94]   Lucas 2:36-38.

[95]   Vea las fotografías del Capítulo 9.

en esta tierra, se presentó ante su Señor de frente. ¡Gloria a Dios por ella y por el milagro realizado en su persona!

Por eso es que, hoy día, sin lugar a dudas, *La Inigualable Sunta* está recibiendo las inigualables bendiciones y un trato muy especial como solamente ella, sí, ¡como solamente *La Inigualable Sunta* se lo merecía! Allá está, junto con los ángeles, y los "seres vivientes" cantándole a Dios el mismo canto de ellos y de los ancianos que están frente al trono de Dios.

Hoy día, *La Inigualable Sunta*, en su estado espiritual puede mirar de frente a su Señor; a su Salvador personal. Lo puede mirar cara a cara rodeado de Sus ángeles y con ángeles alrededor de ella que seguramente la están apoyando y gozándose desde cuando supieron que su última llamada estaba cerca, hasta cuando escucharon las benditas palabras de Jesucristo que le dijo: "Bien, buena y sierva fiel; sobre poco - para mí fue mucho - has sido fiel, sobre mucho te pondré; entra en el gozo de tu Señor".[96]

Como una manera de dar una gloriosa y esperanzadora conclusión de nuestra estancia en esta tierra, de una manera poética, el libro de Apocalipsis, dice: "Cada vez que estos seres vivientes daban gloria, honra y acción de gracias al que estaba sentado en el trono, al que vive por los siglos de los siglos, los veinticuatro ancianos se postraban ante él y adoraban al que vive por los siglos de los siglos. Y deponían sus coronas delante del trono exclamando:

'Digno eres, Señor y Dios nuestro,
De recibir la gloria, la honra y el poder,
Porque tú creaste todas las cosas;
Por tu voluntad existen y fueron creadas'."[97]

---

[96]   Mateo 25:21, (RV, 1960).

[97]   Apocalipsis 4:8-11, (NVI).

Inigualable Sunta, muchas gracias por tus sabios consejos bíblicos, te veré allá en la gloria para que me sigas compartiendo, cual guía turística y agarrado de tu mano, como cuando íbamos a la iglesia, el conocimiento de tu Dios, del cual, seguramente, ahora estarás mucho más empapada de lo que estabas mientras nos ministrabas.

Entrada al Panteón "Jardín de los Recuerdos" en la ciudad de Morelia, Michoacán, México. **Este es el lugar en donde momentáneamente descansa el cuerpo de** *La Inigualable* *"Sunta",* **señorita: Elena Santiago López**

Sunta, después de la bienvenida que me dará mi Señor Jesucristo – no soy digno de que me la dé, pero con seguridad me la dará - en aquel hermoso día de mi llamamiento a la Patria Celestial -, mi eterna dicha será, no solamente volverte a ver y contemplar ese rostro hermoso que adquiriste a causa de la comunión con Jesucristo sino que, aún más, que el Segundo y Tercer Abrazos Celestiales sean…

El Tuyo y el de Polsiton.

SIGUIÓ ADELANTE

"Prosigo a la Meta, al premio del supremo
llamamiento de Dios en Cristo Jesús".
Filipenses 3:14, (RV).

Cuando Moisés instaló a Josué como su sucesor para conquistar la Tierra Prometida por Dios para los hebreos, le dijo: "El Señor mismo irá delante de ti, y estará contigo; no te abandonará ni te desamparará; por lo tanto, no tengas miedo ni te acobardes".[98] Con esa promesa, Josué, siguió adelante. La tierra de Palestina fue conquistada porque Josué creyó que Dios había puesto a Moisés para que lo educara, para que lo animara y para que lo empujara para seguir adelante en el cumplimiento del propósito de Dios para él.

Cuando el gran pianista polaco Ignace Paderewsky decidió estudiar piano, su profesor de música le dijo que sus manos eran demasiado pequeñas para dominar el teclado. A pesar de esa desalentadora ayuda o comentario, Paderewsky, dominó el piano. Pero no solo dominó el piano, sino que fue también un político muy activo.

"En 1940 se convirtió en jefe del Consejo Nacional de Polonia, el Parlamento del Gobierno de Polonia en el exilio, en Londres. El octogenario artista retomó el Fondo de ayuda a Polonia y realizó varios conciertos (los más importantes en Estados Unidos) para aportar dinero a esa causa.

Durante una gira en 1941, Paderewski murió súbitamente en la ciudad de Nueva York, a las 11 de la noche del 29 de junio. Fue sepultado en el Cementerio de Arlington (estado de Virginia), cerca de Washington DC. En 1992 se trasladaron

---

[98]   Deuteronomio 38:8, (DHH-LA).

sus restos a Varsovia, donde se depositaron en una cripta en la Catedral de San Juan".[99]

Cuando el gran tenor italiano Enrico Caruso presentó su solicitud para aprender canto, el maestro le dijo que su voz sonaba como el viento que silbaba por la ventana. Su maestro se equivocó; detrás de ese aparente viento por la ventana, había un tono que acaparó la atención y admiración mundial. "Enrico Caruso, nació en Nápoles, Italia el 25 de febrero de 1873, y murió el 2 de agosto de 1921. Caruso fue un tenor italiano, el cantante más popular en cualquier género durante los años 1920 y uno de los pioneros de la música grabada. Su gran éxito de ventas y una voz extraordinaria, aclamada por su potencia, belleza, riqueza de tono y técnica superlativa, le convierten en el más famoso cantante de ópera de todo el siglo XX".[100]

Cuando el gran estadista de la Inglaterra Victoriana, Benjamín Disraeli intentó hablar en el Parlamento por primera vez, los parlamentarios le pidieron que se sentara y se rieron cuando dijo: "Aunque ahora me siente, vendrá el tiempo en que me oirán".[101] Y así fue. Llegó el tiempo en que escucharon la voz de este estadista de la Inglaterra Victoriana por casi cuatro décadas.

"Benjamin Disraeli, nació en Londres, Inglaterra el 21 de diciembre de 1804 y murió en Curzon Street, en la misma ciudad de Londres, el 19 de abril de 1881. Fue conocido también como conde de Beaconsfield o lord Beaconsfield, fue un político, escritor y aristócrata británico, que ejerció dos veces como primer ministro del Reino Unido, fue líder de la Muy Leal

---

[99]   Wikipedia, la enciclopedia libre. *Ignacy Jan Paderewski*. (La Habra, California. Internet. Consultado el 24 de diciembre del 2020), ¿? https://es.wikipedia.org/wiki/Ignacy_Jan_Paderewski

[100]   Wikipedia, la enciclopedia libre. *Enrico Caruso*. (La Habra, California. Internet. Consultado el 24 de diciembre del 2020), ¿? https://es.wikipedia.org/wiki/Enrico_Caruso

[101]   ISSUU. *Actitud de Vencedor*. (La habrá, California. Internet. Artículo publicado el 25 de mayo del 2015. Consultado el 24 de diciembre del 2020), ¿? https://education.issuu.com/ligiagaby/docs/vencedor/55

Oposición de Su Majestad y tres veces ministro de Hacienda del Reino Unido.

Fue uno de los más destacados políticos del Reino Unido, perteneciente a la corriente conservadora de los Tories, de la cual se convirtió en uno de los más notorios líderes, siendo una de las figuras claves en la conversión de estos en el Partido Conservador del Reino Unido, pasando a liderar esta organización política, extendiendo su carrera dentro de la Cámara de los Comunes por casi cuatro décadas".[102]

"Thomas Alva Edison, nació en Milan, Ohio el 11 de febrero de 1847 y murió en West Orange, Nueva Jersey el 18 de octubre de 1931. Fue un inventor, científico y empresario estadounidense. Desarrolló muchos dispositivos que han tenido gran influencia en todo el mundo, como el fonógrafo, la cámara de cine o una duradera bombilla incandescente. Apodado 'El mago de Menlo Park', Edison fue uno de los primeros inventores en aplicar los principios de la producción en cadena y el trabajo en equipo a gran escala al proceso de invención, motivos por los cuales se le reconoce la creación del primer laboratorio de investigación industrial".[103]

El lado negativo es que Thomas Alba Edison gastó dos millones de dólares en una invención que demostró ser de poco valor: La radio. De acuerdo al físico alemán, Heinrich Rudolf Hertz, eso fue de poco valor. Un día "sus estudiantes de la Universidad de Bonn le preguntaron a Hertz qué uso podría darse a estas ondas, y él les respondió: 'No tienen ninguna utilidad en absoluto. Esto es únicamente un experimento que demuestra que el maestro Maxwell tenía razón. Solo tenemos

---

[102]   Wikipedia, la enciclopedia libre. *Benjamin Disraeli*. (La Habra, California. Internet. Consultado el 24 de diciembre del 2020), ¿? https://es.wikipedia.org/wiki/Benjamin_Disraeli

[103]   Wikipedia, la enciclopedia libre. *Tomas Alba Edison*. (La Habra, California. Internet. Consultado el 24 de diciembre del 2020), ¿? https://es.wikipedia.org/wiki/Thomas_Alva_Edison

estas misteriosas ondas electromagnéticas que no podemos ver a simple vista. Pero están ahí".[104]

"Abraham Lincoln ha sido considerado por historiadores y por la opinión pública como uno de los mejores presidentes de los Estados Unidos de América".[105] Lo que algunos no saben es que el "decimosexto presidente de los Estados Unidos de América desde el 4 de marzo de 1861 hasta su asesinato el 15 de abril de 1865",[106] sabía mucho de pérdidas. Quedó huérfano de madrea los nueve años de edad. En 1832, perdió una elección en Illinois. En 1849 no pudo conseguir el puesto de Jefe de Catastro en Illinois. En 1955 y 1958, perdió las elecciones para senador. En 1856, perdió el nombramiento de vicepresidente. En 1864, por poco pierde su reelección presidencial. En 1850, murió su hijo de cuatro años. En 1851, murió su padre. En 1862, murió otro de sus hijos, tenía doce años.[107] ¡Sabía de perdidas!

Cristóbal Colón se lanzó a la mar en busca de las Indias y en su equivocación de ruta "abrió las puertas a un nuevo mundo".[108] Muy pocos lo hicieron bien la primera vez. Fracasos, repetidos fracasos son las huellas que hay en el camino hacia el éxito. La vida de Abraham Lincoln demostró que la única vez en que no se fracasa es cuando se hace algo y da resultado. Podemos

---

[104]   Wikipedia, la enciclopedia libre. *Invención de la radio.* (La Habra, California. Internet. Consultado el 24 de diciembre del 2020), ¿? https://es.wikipedia.org/wiki/ Invenci%C3%B3n_de_la_radio

[105]   Wikipedia, la enciclopedia libre. *Abraham Lincoln.* (La Habra, California. Internet. Consultado el 25 de diciembre del 2020), ¿? https://es.wikipedia.org/wiki/Abraham_ Lincoln

[106]   Wikipedia, la enciclopedia libre. *Abraham Lincoln.* (La Habra, California. Internet. Consultado el 25 de diciembre del 2020), ¿? https://es.wikipedia.org/wiki/Abraham_ Lincoln

[107]   Varios autores. Puedes cambiar el mundo: Cien historias de personas que cambiaron el mundo. Tr. Virginia López Grandjean. (Buenos Aires, Argentina. Editorial Peniel. 2004), 108.

[108]   Varios autores. *Puedes cambiar el mundo: Cien historias de personas que cambiaron el mundo.* Tr. Virginia López Grandjean. (Buenos Aires, Argentina. Editorial Peniel. 2004), 48.

y debemos caer e irnos de bruces hacia el éxito, pero siempre
recordemos que: "Los que cambian el mundo no permiten que
sus pérdidas determinen su futuro; continúan perseverando
hasta llegar al éxito".[109]
Esto fue lo que la señorita Elena Santiago López sabía. Sabía
que cada uno de nosotros, los hijos e hijas de la Casa Hogar
"El Buen Pastor", tendríamos fracasos; sabía que al correr del
tiempo cada uno de nosotros sufriríamos heridas emocionales
y todo tipo de lastimaduras. Ella sabía que al mundo al que nos
enfrentaríamos era cruel y despiadado. ¡Ella lo sabía! Y por eso
se empeñó en prepararnos para esa clase de mundo.

No sé cuántas personas la desanimaron de la labor que
hacía e hizo entre nosotros, pero, ella, ¡siguió adelante! Las
palabras del apóstol Pablo: "Prosigo a la Meta", la animaron
todo el tiempo. Ella podía decir y, de hecho, lo dijo con su
testimonio lo mismo que dijo el apóstol Pablo con su boca:
"Prosigo a la Meta, al premio del supremo llamamiento de
Dios en Cristo Jesús".[110]

Ambos, pues, el apóstol Pablo y la señorita Elena Santiago,
con su ejemplo cristiano nos han enseñado que: "En la vida
cristiana no hay sitio para los que se quieren dormir en los
laureles".[111] No hay sitio en la obra de Cristo para aquellos que
ponen sus ojos en sí mismos o en las cosas del mundo y no en
la meta que Dios les ha puesto para lograr. "Creo que Dios hizo
a cada persona con un propósito. Según el psicólogo Víctor
Frankl: 'Cada uno tiene su vocación o misión específica en
la vida.'"[112] La señorita Elena sabía perfectamente esta verdad

[109] Varios autores. *Puedes cambiar el mundo: Cien historias de personas que cambiaron el mundo*. Tr. Virginia López Grandjean. (Buenos Aires, Argentina. Editorial Peniel. 2004), 48.

[110] Filipenses 3:14, (RV).

[111] William Barclay. *Comentario al Nuevo Testamento: Filipenses, Colosenses, 1ra y 2da Tesalonicenses; Volumen 11.* (Terrassa (Barcelona), España. Editorial Vida. 1999), 91.

[112] John C. Maxwell. El mapa para alcanzar el éxito. Trd. Pedro Vega. (Nashville, TN. Grupo Nelson. 2008), 12

118

118

ELEAZAR BARAJAS

divina y por eso nos educó y amó. El apóstol Pablo también lo sabía y por eso se esforzó por llegar a la meta, es decir, nunca quitó sus ojos del listón que le indicaría que había logrado llegar al final de la carrera y que, le esperaría un premio por su esfuerzo. Seguramente que Dios ya les ha dado sus premios allá en las mansiones Celestiales al apóstol Pablo y a la *Madre Ejemplar*: Señorita Elena Santiago López.

Tanto el apóstol Pablo como la señorita Elena, la *Inigualable "Sunta"*, una vez más nos dan la gran lección de que "en la vida cristiana debemos olvidar cualquier logro pasado, y tener presente solo la meta que tenemos por delante",[113] Para Pablo su meta era cumplir con su llamamiento, la meta de la señorita Elena fue amarnos, educarnos y prepararnos para la vida presente y futura y, en ello se esforzó como un buen atleta para llegar y cruzar la meta.

La señorita Elena Santiago López sabía de los ataques del enemigo y de los desánimos que enfrentaríamos. Creo esta fue una de las fuertes razones por las cuales cada mañana, después del desayuno, nos empapaba de la Palabra de Dios; nos vestía con las armas espirituales y se esforzaba para que cada uno de nosotros aprendiéramos de memoria las porciones bíblicas que nos ayudarían en las batallas de la vida. Ella, pues, sabía que: "El temor del Señor es el principio del conocimiento – y que; los necios desprecian la sabiduría y la disciplina".[114]

Desafortunadamente algunos de nosotros fuimos "necios" – yo me cuento entre ellos – y no valoramos el esfuerzo de la señorita Elena Santiago López, más conocida como *"La Sunta"*. ¡Pero ella siguió adelante! Siguió con lo que le apasionaba: Leernos la Biblia cada mañana, compartirnos el mensaje de Dios, y por esa pasión hacía

---

[113] William Barclay. *Comentario al Nuevo Testamento: Filipenses, Colosenses, 1ra y 2da Tesalonicenses; Volumen 11.* (Terrassa (Barcelona), España. Editorial Vida. 1999), 91.

[114] Proverbios 1:7, (NVI).

la niñez mexicana es que el día 3 de agosto del año 2019,
algunos de los exalumnos nos reunimos en las instalaciones
de la Casa Hogar *"El Buen Pastor"* para celebrando el *90
Aniversario* de la institución.

La Señorita Elena Santiago López estaba convencida de que
la Palabra de Dios no vuelve vacía sino que hace lo que Dios
quiere en el ser humano.[115]

Hermanos y hermanas, aunque otros digan que no, ¡no
retrocedamos! La victoria que tanto anhelaba *"La Sunta"* que
obtuviéramos puede estar a la vuelta de la esquina. Las voces
de afuera intentan frenarnos, pero la voz interna del Dios que la
señorita Elena puso en nuestros oídos y en nuestros corazones
nos impulsa, nos desafía y hace que demos los pasos hacia la
realización de nuestras vidas. ¡Oigamos atentamente esa voz!

Y recordemos que la señorita Elena Santiago siguió adelante
cada mañana y cada día enseñándonos que: "El comienzo de la
sabiduría es el temor del Señor; - y que el – conocer al Santo es
tener discernimiento".[116]

Mientras lees este libro, en una manera espiritual, ponte
delante de la tumba de la señorita Elena y recuerda el gran amor
y dedicación de una Guerrera de Dios. Una *Madre Ejemplar*
que en esta vida llevó el nombre de Elena Santiago López. Les
reto, pues, a que sigamos adelante; les reto a seguir el ejemplo
de ella; les reto a abrir la Biblia cada día a nuestra familia, ¡les
reto a seguir en la vida cristiana!

La promesa es que: "El Señor mismo ira delante de –
nosotros - y estará –con nosotros – de la misma manera como
estuvo con la señorita Elena Santiago –. Dios, no nos abandonará
ni nos desamparará, por lo tanto, no tengamos miedo ni nos
acobardemos".[117] Dios nos permitió estar en la Casa Hogar

---

[115]   Isaías 55:11.

[116]   Proverbios 9:10, (NVI).

[117]   Deuteronomio 31:8 (DHH-LA).

"El Buen Pastor" bajo las sabias y acertadas enseñanzas de la señorita Elena Santiago porque él tiene un propósito para nuestras vidas. ¡Sigamos adelante!

Dios los bendiga.[118]

Ceremonia en el Panteon de las Delicias de Morelia , Michoacan en memoria de la señorita Elena Santiago López. Agosto 2 de 2018.

---

[118] Estas palabras fueron dichas y leídas en la ciudad de Morelia, Michoacán, México el sábado 2 de agosto de 2018 frente a la tumba de la Señorita Elena Santiago López por Eleazar Barajas.

EN EL JARDÍN DE LOS RECUERDOS.
Niños de la Casa Hogar "El Buen Pastor" con la actual directora:
Eloísa Enríquez Sixtos y su ayudante, detrás de la lápida que indica en
donde fue sepultado el cuerpo de la Señorita Elena Santiago López.
Morelia, Michoacán. Agosto 2 de 2018.

LA INIGUALABLE "SUNTA"

Surcando valles y montañas a Pátzcuaro llegaste,
Con un corazón sincero.
Y ante tanta adversidad no te ofuscaste,
Pues tenías una fuerza como la del hierro.

Urgente era tu presencia,
En el Hogar de los desamparados.
Que sólo tú, hija de Dios, con solvencia,
Quedarían los muchos cabos amarrados.

Nada te impidió cumplir tu misión,
En la Casa Hogar "*El Buen Pastor*".
Lograste salir triunfante en tu comisión,
Ante toda barrera e impostor.

Tanto era el trabajo hacia el desamparado,
Que pusiste manos a la rueca.
Tu hermoso trabajo fue muy atinado,
Porque lo hiciste sin pesar y mueca.

Antes de que tu eterno descanso llegara,
Ya los ángeles sus alas batían;
Esperando de Dios tú última llamada,
Ansiosos, de cómo te ayudarían.

Sunta, Sunta, Sunta.
Sunta de mil labores y sabores.
Sunta de un sin fin de consoladores;
Sunta del huérfano protectora.
Sunta, hija del Dios eterno, que tu Dios,
Sunta, te conserve en su seno.

Eleazar Barajas

LA FAMILIA DE LA CASA HOGAR "EL BUEN PASTOR"
Fotografía tomada en el patio central de la Casa Hogar
en Morelia, Michoacán, México. Diciembre de 1975

Ella Era Toda Una

Santa

"El que ama la limpieza de corazón, por la gracia de sus labios tendrá la amistad del rey."
Proverbios 22:11

INTRODUCCIÓN A LA SEGUNDA SECCIÓN (II)

"Y serán benditas en ti todas las familias de la tierra."
Génesis 12:3c.

En ésta parte de este libro me enfocaré en la personalidad tanto física como emocional y espiritual de la que he apodado o llamado en estas páginas: *Era Toda Ella Una Santa.* Se trata, pues de la otra *Madre Ejemplar* en la Casa Hogar *"El Buen Pastor".*

Cuando Dios llamó al patriarca Abraham le hizo esta promesa: "Y serán benditas en ti todas las familias de la tierra".[119] No sé si cuando Dios llamó a la señorita Myrtle May Paulsen le prometió la misma promesa que le hizo a Abraham, pero lo cierto es que ella fue una gran bendición entre nosotros los mexicanos.

Hablar o escribir acerca de la señorita Myrtle May Paulsen es un tema o historia o biografía muy amplia; tan amplia que es casi imposible escribir cada detalle de su biografía en un libro como este. Un libro en el que estoy tratando de resumir la Historia de la Casa Hogar *"El Buen Pastor",* las historias biográficas de las mujeres de Dios que sobresalen en la Historia de la Casa Hogar a quienes, en este libro, he llamado: *Madres Ejemplares,* y los relatos de las experiencias de algunos de los miembros de la Familia del Hogar.

El apóstol Juan, al final de su Evangelio dijo que había otros muchos relatos que se habían escrito acerca de las cosas

---

[119] Génesis 12:3. (RV60).

que "hizo Jesús, las cuales si se escribieran una por una, pienso que ni aun en el mundo cabrían los libros que se habrían de escribir".[120] La señorita Paulsen, ciertamente no tiene una historia como para hacer una enciclopedia, aunque, si cada uno de los hijos e hijas de la Casa Hogar *El Buen Pastor* que conocieron y convivieron con "Polsiton" escribieran sus experiencias con ella, y al lado de ella, creo que la Casa Hogar tuviera una buena y amplia historia biográfica de la señorita Paulsen. Y, si a esa historia agregan sus experiencias con la señorita Elena Santiago López y sus propias experiencias con Dios y sus compañeros o compañeras – o, con aquellos que más problemas les causaron y aun con los novios y novias que existieron dentro y fuera de la Casa Hogar con una o uno de los miembros de la Familia del Hogar: ¡La biblioteca aumentaría!

Lo que aquí he escrito es una mínima parte de esa extensa historia biográfica de la que he titulado: *Ella Era Toda Una Santa*. Una historia que la he tomado como una ilustración de lo que es una *Madre Ejemplar*. Este libro, y en especial esta parte de este libro, se enfocan en el ministerio de la señorita Myrtle May Paulsen que desarrolló en las ciudades de Pátzcuaro y con un enfoque más especial en la ciudad de Morelia. Este enfoque se debe a lo que fue mi experiencia al lado de esta *Madre Ejemplar* en esa hermosa ciudad colonial, la antigua Valladolid, hoy Morelia, Michoacán.

He mencionado anteriormente sobre la participación política, social, moral, literaria y espiritual de mujeres en la historia del mundo. Entre ellas conocimos la fe que tenía en Dios la señorita Elena Santiago López. Ahora, pues, me enfocaré en la hermosa labor como una *Madre Ejemplar* que desarrolló la señorita Myrtle May Paulsen en el Reino de Jesucristo dentro de las instalaciones de la Casa Hogar *"El Buen Pastor"* de la ciudad de Morelia, Michoacán, México.

---

[120]	Juan 21:25, (RV60).

Si volvemos a ver la promesa que Dios le hizo al Patriarca Abraham en Génesis 12:3c, notamos que Dios fue muy específico con su siervo. Les invito a que notemos lo que dice la Biblia: "El Señor le había dicho a Abram: "Deja tu patria y a tus parientes y a la familia de tu padre, y vete a la tierra que yo te mostraré. Haré de ti una gran nación; te bendeciré y te haré famoso, y serás una bendición para otros. Bendeciré a quienes te bendigan y maldeciré a quienes te traten con desprecio. Todas las familias de la tierra serán bendecidas por medio de ti'."[121]

Fueron seis recomendaciones/promesas que Dios le presentó al que en ese entonces era un sacerdote de la diosa Ur Naanú o Nanna, en la Mesopotamia, "en el lugar de la legendaria ciudad de Ur de los caldeos, mencionada en el Código de Hamurabi, situada junto al río Éufrates, al sur de Mesopotamia y cerca del Golfo Pérsico".[122] "En la mitología mesopotámica, Sin, Sinai, Nanna, Nannar, Suen o Zuen es el dios de la Luna".[123]

Pues, bien, a este adorador idolátrico, Dios lo llamó y Abram; después de su llamado, obedeció a Dios. Al hacerlo, el Señor, entonces, les hace las siguientes recomendaciones o mandatos junto con las promesas:

1.- *Dejar su tierra y su familia*. Este fue un llamado no muy agradable. Tuvo que dejar a familiares, dejar su patria y amigos. "Abram, tenía en ese entonces 75 años de edad, el llamado constituyó el comienzo de una nueva era, y estableció la base para su futuro. La clave de su vida sería ahora 'obediencia, separación y compañerismo'. La separación de su familia y de sus amigos le ganó el título de 'amigo de Dios' (Sgo. 3:23)".[124]

---

[121] Génesis 12:1-3, (NTV).

[122] W. T. Purkiser, C. E. Demaray, D. S. Metz y M. A. Stuneck. *Explorando el Antiguo Testamento*. (Kansas City, Missouri. Casa Nazarena de Publicaciones. 1994), 85.

[123] Wikipedia, la enciclopedia libre. *Sin*. (La Habra, California. Internet. Consultado el 25 de diciembre del 2020), ¿? https://es.wikipedia.org/wiki/Sin

[124] W. T. Purkiser, C. E. Demaray, D. S. Metz y M. A. Stuneck. *Explorando el Antiguo*

2.- *Viajar a la tierra que Dios le indicaría*. De acuerdo al escritor del libro de los Hebreos, Abraham "salió sin saber a dónde iba".[125] Desde la obediencia al llamado de Dios, Abraham se convirtió en un dependiente voluntario del Señor.

3.- *La promesa de hacer una gran nación con su descendencia*. Aunque Sara, la esposa de Abraham era estéril, Dios le promete una nación grande con su descendencia.

4.- *Bendecirlo*. De hecho, desde que Abraham obedeció al llamado de Dios, las bendiciones del Señor sobre él comenzaron a multiplicarse. La Biblia dice que "Abram era muy rico, pues tenía oro, plata y muchos animales".[126]

5.- *Hacerlo famoso*. "Abraham seria famoso y reverenciado, no por su propia virtud sino por el favor de Dios, quien le dijo: "Te bendeciré y engrandeceré tu nombre".[127]

6.- *Hacerlo un medio de bendición*. Abraham fue bendecido para ser de bendición. La promesa fue que en él, todos los pueblos o naciones serian benditos.

El Señor Dios no le prometió, literalmente, estas mismas promesas a la señorita Myrtle May Paulsen, pero cuando vemos de una manera somera su vida y ministerio, nos damos cuenta que desde que Dios le dijo que dejara a sus familiares, a su patria y a sus amigos, el Señor fue su amigo de toda la vida; ¡Siempre estuvo con ella! La bendijo con una larga vida y la enriqueció con cientos de hijos que hoy, la recordamos con mucho amor porque fue una *Madre Ejemplar*.

Testamento. (Kansas City, Missouri. Casa Nazarena de Publicaciones. 1994), 85.

[125]   Hebreos 11:8.

[126]   Génesis 13:2, (DHH).

[127]   Pablo Hoff. *El Pentateuco*. Miami, Florida. Editorial Vida. 1978), 50.

PREÁMBULO

Porque mejor es la sabiduría
que las piedras preciosas;
y todo cuanto se puede desear, no
es de compararse con ella.
Yo, la sabiduría, habito con la cordura,
y hallo la ciencia de los consejos.
Proverbios 8:11-12

Myrtle May Paulsen

Como este es un preámbulo, entonces, hagamos un recuento o un repaso de algunas de las cosas y eventos que ya he mencionado en páginas anteriores, en especial, ahora, de lo que se trata la vida y ministerio de esta Sierva de Jesucristo que, en breve les narro sus aventuras en el estado de Michoacán, México.

Esta Sierva de Dios llegó desde un continente muy lejano al nuestro; desde un lugar de costumbres y lenguaje distinto al que practicamos y hablamos. Pero no llegó a la aventura ni buscando tal cosa, sino que llegó con una meta específica: Ayudar a la niñez Mexicana.

Renunciando a los pretendientes amorosos que le surgieron durante su juventud – los cuales tuvo muchos, pues como se ve en la fotografía anterior fue una señorita muy hermosa -, sin embargo, renunciando a todos ellos, emprendió el viaje al nuevo Continente; al Continente Americano.

Ella era una joven de hermoso semblante y de ojos azules como el cielo en plenitud. Un cuerpo atlético, una estatura superior a muchas mujeres altas. Además tenía una voz dulce y conmovedora que adornaba su figura atlética. Y por si eso fuera poco, en toda ella irradiaba, aun en su estado adulta, una ternura y amor envidiables que, cualquier hombre sensato y por supuesto uno no sensato, también, se enamoraría de ella a primera vista. ¡Y sí que los hubo! Sin embargo, renunciando a todos ellos, prefirió amar que ser amada, servir que ser servida, cuidar que ser cuidada.

La mujer a la que he llamado *Era Toda Ella Una Santa*, amó a Jesucristo hasta el último día de su vida y, lo mostró al amar incondicionalmente a la niñez mexicana; ese fue su propósito y su vida en esta tierra. Esta mujer de Dios, quien *Era Todo Ella Una Santa*, y de nombre *Myrtle May Paulsen*, nació en la ciudad de Otorohanga, Nueva Zelandia el 23 de mayo de 1903. Fue allí, que, desde su juventud escuchó y sintió el llamado de Dios para la obra misionera. Sin muchas demoras se preparó para cumplir ese llamado y emprendió el largo viaje; de un Continente a otro muy diferente al suyo. Llegó a México en el año 1929, tan solo tenía 26 años de edad y ya estaba entregada al Ministerio de la Niñez Mexicana.

Después de poco más de un mes y medio que duró su viaje en barco, llegó a las costas de Estados Unidos; a la ciudad de Corpus Cristi. De allí viajó a Laredo Texas. De Laredo, viajó hasta la ciudad de México en donde el doctor Benjamín Ross; quien había iniciado la institución que hoy lleva el nombre de: Casa Hogar "*El Buen Pastor*", la recibió y la preparó para la ardua tarea que le esperaba en el territorio mexicano.

Tiempo después llegó a la ciudad de Pátzcuaro y allí, en compañía de la Señorita Elena Santiago López, una mujer mexicana de la cual ya he comentado, de origen zapoteco (vea "Antecedentes" en la Primera Parte de esta Sección), la Señorita Paulsen, comenzó de lleno su trabajo misionero. Pocos años después, tomó la dirección del Internado para niños huérfanos con el cual estuvo colaborando hasta el día en que fue regresada a su país en donde el Señor la volvió a llamar, pero ahora a otro país: ¡A la Patria Celestial!

El Internado – Casa Hogar "*El Buen Pastor*" -, bajo cuyo cuidado había estado hasta esos momentos bajo la Dirección del misionero Juan Thomas y Miss Nancy, ambos originarios de Nueva Zelandia, fue iniciado con la visión y trabajo de los esposos norteamericanos de apellido Ross; Benjamín y su esposa, en la ciudad de México en 1928; esa visión, un año después, es decir, en 1929, comenzó a materializarse en la fundación del Internado que llegó a ser: La Casa Hogar "*El Buen Pastor*" en las ciudades de Pátzcuaro y Morelia, Michoacán, México.

Dos años después, es decir, en 1930 la Casa Hogar fue trasladada desde la ciudad de México a la ciudad de Pátzcuaro con el fin de estar más cerca de los niños más necesitados de amor, de hospedaje, de educación y de alimentación.

Un segundo cambio llegó en 1962. En ese año la Casa Hogar *"El Buen Pastor"* fue trasladada desde la ciudad de Pátzcuaro a la ciudad de Morelia. Hasta la fecha (Enero del 2020). Está ubicada en la ciudad de Morelia, Michoacán en la Colonia Vasco de Quiroga en la esquina de las calles Madrigal de las Altas Torres y la Calle Carpinteros de Paracho. Y, solo para reafirmar: La Casa Hogar *"El Buen Pastor"* en el día 2 de agosto de 2019, ¡Celebramos el **90 Aniversario** de esta hermosa institución! Aunque, si contamos desde que el Dr. Alfred Benjamín De Ross comenzó o fundó esta institución, que fue en 1922, entonces, la Casa Hogar tiene una existencia de 97 años. Pero si contamos desde que Polsiton tomó parte activa en ella, que fue en el año 1929, entonces, estamos en lo correcto con un **Aniversario de 90 años.**

En este nuevo cambio; de la ciudad de Pátzcuaro a la ciudad de Morelia en el estado de Michoacán, México, aquella mujer de Dios quien *Era Toda Ella Una Santa* reafirmó su compromiso con Dios quedando como la Directora de tan acogedor Hogar, en donde se convirtió en una...

¡Madre Ejemplar!

LOS ORÍGENES DE LA SEÑORITA PAULSEN "POLSITON"

"Alabado sea Dios, Padre de nuestro Señor Jesucristo, que nos ha bendecido en las regiones celestiales con toda bendición espiritual en Cristo. Dios nos escogió en él antes de la creación del mundo, para que seamos santos y sin mancha delante de él.

Porque somos hechura de Dios, creados en Cristo Jesús para buenas obras, las cuales Dios dispuso de antemano a fin de que las pongamos en práctica."

Efesios 1:3-4; 2:10, (NVI).

He comentado brevemente acerca de la llegada de la señorita Myrtle May Paulsen al estado de Michoacán en donde toma la dirección, juntamente con la señorita Elena Santiago, de la Casa Hogar *"El Buen Pastor"* que se encontraba en la ciudad de Pátzcuaro. También he comentado sobre su nacionalidad pero, ahora haré una breve historia biográfica de la vida de la joven neozelandesa de nombre Myrtle May Paulsen.

No es una biografía completa de quien fue una *Madre Ejemplar* porque, el propósito de este libro no es hacer una biografía de ella, sino de recordar los hechos y algunas palabras de aquella mujer de Dios que dio casi toda su vida al servicio misionero entre nosotros los mexicanos.

PAUL PAULSEN
Y SUS DESCENDIENTES

Los primeros años de la vida de *Polsiton* fueron de alegría familiar. Su padre Paul Paulsen nació el 5 de Junio de 1871 en Lojt, Aabenraa-Sonderborg, Alemania. Es probable que tendría unos veintitrés años de edad cuando falleció el abuelo paterno de la señorita Paulsen; Padre de Paul. Murió en 1894. Cuando llegó a New Zealand se estableció en Waipawa (Hoy Waipoua Forest) en donde trabajó como minero. Posiblemente este fue su trabajo durante unos cuatro o posiblemente hasta seis años. Después se dedicó a la vida del campo. Cuando se casó con Phoebe Jane May en los primeros años del 1900, él ya tenía posesión de 261 acres de tierra en el Valle de Waikura, Kahotea, cerca de Otorohanga. La señorita Paulsen (Polsiton) contaba que la propiedad adquirida por su padre había sido concedida por un proceso de votación. Esta aseveración es confirmada por un informe escrito en el periódico *New Zealand Herald*, escrito en Junio de 1899.[128]

LA ANTIGUA CASA DE LA FAMILIA
PAULSEN EN OTOROHANGA

---

[128]   Max Serwin Liddle. *The Paulsens: Paul Paulsen and His Descendants. (Ole Paulsen- Paul Paulsen)* Trd. Elizabeth Barajas. (Escrito en New Zealand, no editado. 2017). Enviado por correo electrónico desde New Zealand por Lawrence Paulsen. Septiembre de 2018), 6.

Así que, los primeros seis años de la vida de la señorita Paulsen fueron muy felices. Su vida familiar era una familia modelo. La joven Myrtle May Paulsen describe esos años con estas palabras: "Durante seis años de mi vida fui feliz con una buena madre y un padre con quien podía tocar el violín en la noche mientras mi madre hacia la cena. El rancho que teníamos estaba situado a cinco millas de la ciudad de Otorohanga. Mi padre construyó la casa en donde vivíamos y plantó una huerta. El cruzaba el río en caballo con provisiones etc., antes de que el camino fuera hecho y cuando lo terminaron solo fue de un carril".[129]

El matrimonio Paulsen: Paul y Phoebe tuvieron cinco hijos mientras Vivian en la granja cerca de Otorohaga; sus nombres fueron:

1.- *Vera Caroline*, fue la primogénita. Nació el 15 de noviembre en Otorohanga, New Zeland.

2.- La segunda fue *Myrtle May* que nació el 23 de mayo de 1903, también en Ototohanga. Por cierto, su nombre de nacimiento fue registrado como *"Murtel"* en lugar de Myrtle, probablemente fue un error causado por el imperfecto conocimiento del inglés por parte de su padre.

[129]   Max Serwin Liddle. The Paulsens: Paul Paulsen and His Descendants. (Ole Paulsen-Paul Paulsen) Trd. Elizabeth Barajas. (Escrito en New Zealand, no editado. 2017). Enviado por correo electrónico desde New Zealand por Lawrence Paulsen. Enero 24 de 2019), 58

LA CASA CONSTRUIDA POR PAUL PAULSEN.
Esta fue la casa que el padre de Polsiton construyó como a cinco millas de distancia de la ciudad de Otorohanga, NZ.[130]

3.- *Lily Violet*, su tercera hija nació el 31 de mayo de 1905 en Onehunga. Probablemente Lily nació en la casa de Frederick y Matilda Stokes (la hermana de su mama).

4.- El cuarto hijo del matrimonio Paulsen fue *Paul Héctor Stanley* quien nació el 13 de febrero de 1907 en Arch Hill, Auckland. Este nacimiento probablemente fue en la casa de William y Carolina May quienes llevaban casados como 18 meses y que vivieron en Arch Hill por un tiempo corto antes de cambiarse a Frankton.

5.- Finalmente nace el quinto hijo a quien llamaron *Reginald Leslie* que nació también un día 13 al igual que Héctor pero en el mes de octubre del año 1909 en Frankton Junction, también en la casa de William y Caroline.[131]

---

[130]   Esta y todas las fotografías que presentan la vida de la Familia Paulsen me fueron enviadas por correo electrónico en septiembre de 2018 y en Enero 24 de 2019 por Lawrence Paulsen.

[131]   Max Serwin Liddle. *The Paulsens*. Trd. Elizabeth Barajas. (Material escrito en New

Proebe May Paulsen

Fotografía de la Madre de la Señorita
Myrtle May Paulsen

Zealand. No editado. Enviado por correo electrónico desde New Zealand. Enero de 2019).
59-60

LA ALEGRÍA FAMILIAR SE DESVANECE

Hasta el año del nacimiento de Reginald Leslie, es decir, hasta el año 1909, la Familia Paulsen disfrutaba de la vida del campo; todo era alegría mientras la familia seguía creciendo pero, a principios del año 1910, las cosas cambiaron. La madre de Myrtle May se enfermó con apendicitis. El doctor local no pudo hacer nada por ella así que les sugirió que la trasladaran al Hospital Hamilton. En nuestro tiempo sería algo rápido, más o menos unos cuarenta y cinco minutos de viaje pero, en 1910, ¡sería un largo viaje! La ciudad de "Otorohanga estaba en la línea del ferrocarril Main Trunk que apenas tenía dos años de haber sido abierta a la circulación del tren. Esta línea férrea tardó dos décadas en ser construida.

Siendo la única vía más rápida para llevar a la madre de Polsiton al hospital, se hicieron los preparativos y "Así que Phoebe fue llevada por konaki a la estación y de ahí por tren a Hamilton. Sin embargo, estos esfuerzos fueron en vano porque su apendicitis se complicó provocándole peritonitis, y al fin, Phoebe, falleció en el Hospital Hamilton el 6 de marzo de 1910 después de sufrir de peritonitis por cinco días. Su cuerpo fue transportado a Auckland donde su funeral fue conducido por el Reverendo T. H. Lyon, un ministro de la Iglesia Metodista Primitiva (Primitive Methodist Church). Phoebe fue sepultada en el Cementerio Purewa de Auckland.[132]

---

[132] Max Serwin Liddle. *The Paulsens.* Trd. Elizabeth Barajas. (Material escrito en New Zealand. No editado. Enviado por correo electrónico desde New Zealand. Enero de 2019). 60.

LA TRISTEZA SE AUMENTA

El padre de la señorita Paulsen se quedó a cargo de toda la familia con el papel de padre/madre. Una fotografía de la Familia Paulsen que fue tomada un poco después de la muerte de Phoebe, dice por si sola el reto que Paul en ese tiempo pasaba; era un reto de cuidar por su familia mientras buscaba el cómo trabajar para tener sustento (Fotografía de 1910).

LA FAMILIA PAULSEN EN 1910
Vera, Paul, Reginald, Lily y Myrtle. Phoebe, la madre de la señorita Paulsen, murió el 6 de marzo de 1910.

Como no era un trabajo sencillo el ser padre/madre y en vista de las circunstancias económicas, la familia Paulsen comenzó a desintegrarse. Es decir que las circunstancias forzaron a Paul para llevar a los niños a casas de familiares y amigos mientras él buscaba el sustento. De acuerdo a Lily, los dos mayores, *Vera* y *Myrtle* (de 9 y 7 años respectivamente), fueron a vivir con el Señor y la Señora Woodward en Hamilton. Sin embargo, de acuerdo a Polsiton, ella junto con *Reginald* que tenía con 6 meses de edad, fueron puestos a cargo de Willliam y Caroline

(Paulsen) May.[133] De cualquier manera, la Familia Paulsen comenzó a desintegrarse.

The family reunited circa 1917. Left to Right: Paul, Lily, Myrtle, Paul snr, Vera, Reginald

Fotografía de la Familia Paulsen siete años después de la muerte de Phoebe, madre de la señorita Myrtle May Paulsen. Fotografía tomada en 1917.

En el mes de septiembre de 1913, por razones de estudios, la señorita Myrtle May Paulsen se fue a vivir con la señora Anderson. Esta señora llegó a ser la tercera esposa de su papá.[134]

El señor Paul Paulsen se fue a vivir a un rancho llamado Te Kowhai. Era un rancho muy cerca de la ciudad de Hamilton. Fue en este lugar en donde Paul se casó por segunda vez. La proximidad cercana del rancho Te Kowhai de Hamilton hacia posible que Paul pudiera contratar a amas de casa, que a su vez lo habilitó para poder reunir a su familia. Eventualmente se casó con una de ellas de nombre Mary Ann Barton. Mary era hija de una familia de diez hijos. Paul y Mary se casaron el 3 de abril de 1918. El problema mayor fue que Paul no sabía nada de la vida

---

[133]   Max Serwin Liddle. The Paulsens. Trd. Elizabeth Barajas. (Material escrito en New Zealand. No editado. Enviado por correo electrónico desde New Zealand. Enero de 2019). 61.

[134]   Max Serwin Liddle. The Paulsens. Trd. Elizabeth Barajas. (Material escrito en New Zealand. No editado. Enviado por correo electrónico desde New Zealand. Enero de 2019). 62.

de su esposa antes de casarse con ella. Bueno, lo único que sabía era que era una mujer divorciada. Y, lo supo porque tuvieron que firmar el Certificado de Matrimonio en el Registro Civil. Al parecer, no tuvieron un noviazgo o no platicaron nada sobre sus actos pasados. Es decir que, Paul, no sabía que ella había tenido dos hijos ilegítimos. Tampoco sabía que ella había estado en la cárcel. Aunque, Paul, recuerda que un día le dijo que algún día se arrepentiría de haberse casado con ella.[135]

Mary Barton ahora de Paulsen, fue una madrasta muy temida por las hijas e hijos de Paul. Aunque la empresa que había comparado Paul estaba dando buenos resultados, el matrimonio estaba en crisis. Las palabras de Lily certifican la crisis matrimonial: "Esta mujer fue capaz de engañar a mi padre. Después mi padre descubrió su error: Mary fue una mujer malvada que nos hizo la vida un infierno a todos nosotros. Después de colocarnos en Hauraki Plains, nuestra madrastra empezó a demostrar su mano dura, tratando de sacar a todos nosotros (los niños) de la casa. Los ojos de mi padre finalmente se abrieron cuando ella atento contra mi vida, pero yo era demasiado fuerte para ella. Tenía entre trece o catorce años de edad, era tan fuerte como un caballo.[136] Si lo comentado por Lily va con los años que se han mencionado, entonces demostraría que el mal trato por parte de Mary Ann Barton fue más o menos durante el primer año de matrimonio con Paul.

Ahora bien, Lily pudo defenderse porque era una mujer fuerte pero su hermano menor de nueve años de edad, Reginald fue todo lo contrario. Lily comenta que: "Mi hermano hasta hoy esta sordo gracias a las acciones de ella en esos momentos." Lily continua, "nuestro padre estaba de nuestro lado y después

---

[135]   Max Serwin Liddle. *The Paulsens.* Trd. Elizabeth Barajas. (Material escrito en New Zealand. No editado. Enviado por correo electrónico desde New Zealand. Enero de 2019). 62.

[136]   Max S. Liddle. *The Paulsens.* Trd. Elizabeth Barajas. (Material escrito en New Zealand. No editado. Enviado por correo electrónico desde New Zealand. Enero de 2019). 63

de uno o dos años ella se fue con otro hombre."[137] El caos que
estaba en el matrimonio de Paul y Mary obligó a Paul a mandar
a sus hijos a Auckland por seguridad.

¡Sí!, ¡había un caos matrimonial! El testimonio de Lily, la
tercera hija de Paul lo afirma. Sin embargo, lo que cuenta la
joven Myrtle May Paulsen es un relato que tiene más detalles.
Literalmente estas son sus palabras: "Nuestra madrastra estaba
enojada por unos pequeños pedazos de tela o ropa que ella
quería. Lily se reusaba a entregar unas blusas. Se la llevó a un
cuarto, la aventó en la cama y la agarró por el cuello. Yo me
congele por los nervios pero escuche como batallaba, pero no
entre. Mi hermana por fin pudo escapar, brincando por una
Ventana que estaba abierta, ella corrió hasta donde estaba
nuestro padre trabajando. Yo espere mi turno (para que me
pegara) enraizada en el piso, mientras la mujer pasaba junto
a mi buscando un cuchillo. En esos minutos mi papa llegó del
trabajo. Pero nuestra madrastra se había ido. Se fue por un
largo tiempo, pero después de unos meses regresó y se ocupó
en el trabajo para poder mover sus cosas a la casa que estaba
en Pekapeka Road.

Después que regresó era un poco amigable y agradable,
pero en poco tiempo después de haber llagado tuvo una crisis
en donde se desmallaba y mi padre tenía que cuidar de ella.
Tenía episodios en donde era muy enfadosa, en donde actuaba
muy tonta. Por ejemplo, enterraba nuestras conservas de frutas
en algún lugar para que no las encontráramos. Escondía mis
zapatos para que yo no pudiera ir a la Escuela Dominical. Las
cosas pasaron de malas a peor, hasta que teníamos temor por
nuestras vidas. Mi papa casi no dormía, ella tenía un martillo
listo junto a ella todo el tiempo".[138]

137   Max Serwin Liddle. *The Paulsens*. Trd. Elizabeth Barajas. (Material escrito en
New Zealand. No editado. Enviado por correo electrónico desde New Zealand. Enero de
2019). 63.

138   Max Serwin Liddle. *The Paulsens*. Trd. Elizabeth Barajas. (Material escrito en

En medio de un caos familiar en la Familia del Patriarca Isaac, Dios apartó al hijo menor de nombre Jacob para que fuese un eslabón en la formación del Pueblo de Dios. En medio del caos familiar en la Familia Paulsen, Dios, también apartó a la segunda hija de Paul y Phoebe para la extensión del reino de Jesucristo en el estado de Michoacán, México. Dios, en su gran misericordia, "escogió en Cristo Jesús – a Myrtle May Paulsen- antes de la creación del mundo, para que fuera santa y sin mancha delante de él – la escogió para Su obra porque ella fue creada por Dios - en Cristo Jesús para buenas obras, las cuales Dios dispuso de antemano a fin de que las pusiera en práctica"[139] en la Casa Hogar "*El Buen Pastor*".

Y, así lo hizo durante sesenta y nueve años.

New Zealand. No editado. Enviado por correo electrónico desde New Zealand. Enero de 2019). 64.

[139]   Efesios 1:3-4; 2:10, (Parafraseado por Eleazar Barajas).

Myrtle May Paulsen

Fotografía tomada en 1927, dos años antes de viajar como Misionera a la República Mexicana.

EL LLAMADO A LA MISIÓN DE DIOS

"En la iglesia de Antioquía eran profetas y maestros Bernabé; Simeón, apodado el Negro; Lucio de Cirene; Manaén, que se había criado con Herodes el tetrarca; y Saulo. Mientras ayunaban y participaban en el culto al Señor, el Espíritu Santo dijo: 'Apártenme ahora a Bernabé y a Saulo para el trabajo al que los he llamado'. Así que después de ayunar, orar e imponerles las manos, los despidieron.
Hechos 13:1-3, (NVI).

La señorita Myrtle May Paulsen se hizo miembro del *Tabernáculo Bautista* de Auckland, NZ. Fue allí que el Espíritu Santo dijo: 'Apártenme ahora a – Myrtle May Paulsen- para el trabajo al que la he llamado'. Así que después de ayunar, orar e imponerles las manos, la despidieron".[140] Es decir, los miembros del *Tabernáculo Bautista*, después de que terminó sus Estudios Bíblicos, la enviaron como misionera y la apoyaron con lazos fuertes de amor y oración para que pudiera mantener su trabajo como sierva de Jesucristo en México por el resto de su vida.[141]

---

[140] Hechos 13:1-3, (Parafraseado por Eleazar Barajas).

[141] Max Serwin Liddle. *The Paulsens.* Trd. Elizabeth Barajas. (Material escrito en New Zealand. No editado. Enviado por correo electrónico desde New Zealand. Enero de 2019). 69.

Pruebas de su llamamiento a la Obra Misionera.

Antes de que la señorita M. M. Paulsen dejara su país natal para volverse la Sierva de Dios que fue; porque fue una Sierva de Jesucristo como *Madre Ejemplar*, de tiempo completo; Antes, pues, de emprender la misión, fue nuevamente probada por el enemigo con otras actividades que podrían haberla apartado del llamamiento misional que Dios le había hecho.

Por ejemplo, en Octubre de 1925, Myrtle May Paulsen comenzó a trabajar con la familia Hoppings, vecinos que se llevaban bien y eran amigables con los Paulsens. Después de la bancarrota que sufrió su padre, por un tiempo vivió con su familia y madrastra en la calle 4 Huia, Devonport. La siguiente etapa de su historia es mejor contada en sus propias palabras grabadas por Ian Brown. "Empecé a ir al Tabernáculo Bautista y ahí fue donde me bautice. También tomé clases de violín. En ese tiempo trabajaba en un hotel privado".[142] Como violinista y trabajando en un hotel de renombre, tuvo la oportunidad de llegar a ser una violinista de fama. Pero su meta era otra y, como el gran apóstol Pablo, siguió firme en el propósito de su llamado aun sin estar segura a donde Dios la necesitaba.

---

[142]   Max Serwin Liddle. *The Paulsens*. Trd. Elizabeth Barajas. (Material escrito en New Zealand. No editado. Enviado por correo electrónico desde New Zealand. Enero de 2019). 76

La señorita Myrtle My Paulsen con Paul, su Padre.

Fotografía tomada en 1937 en una visita que Myrtle hizo a su tierra natal.

Después comenzó a trabajar como niñera. Ese trabajo fue un preámbulo del llamamiento de Dios para la obra misionera. Dios hizo que Moisés trabajara como pastor de ovejas porque lo había elegido para pastorear al pueblo de Israel. La Biblia que: "Moisés cuidaba las ovejas de su suegro Jetró, que era sacerdote de Madián. Un día, Moisés llevó las ovejas por el desierto y llegó hasta la montaña de Dios que se llama Horeb.[143] Polsiton, cuidaba niños. Ella, dijo en cierta ocasión: "Mientras trabajaba

---

[143] Éxodo 3:1, (NTV).

como ama de casa, haciéndome cargo de dos pequeños muy avivados en Mt. Edén, comencé a meditar en las lecciones de las clases de Biblia que daba Miss Winnie Turner. También mi lectura de C.T. Studd[144] me llevó a preocuparme un poco más sobre mis responsabilidades hacia Dios. Hablé con Miss Turner la cual pensaba que yo podría ser una buena candidata para poder entrar a estudiar al *Bible Training Institute* (Instituto de Entrenamiento Bíblico)".[145] Y así lo hizo.

Con una clara Visión Misionera

En 1926, Polsiton, se inscribió en el *NZ Bible Training Institute* (Instituto de Entrenamiento Bíblico de Nueva Zelanda) con la intención de prepararse para el servicio misionero extranjero. En esta clara Visión Misionera, la señorita Paulsen tuvo una ligera distracción de su misión. No era nada malo, era parte de la Visón Misionera pero, no era lo que Dios tenía preparado para ella. Aun todavía como estudiante, en algún momento se interesó en el trabajo de *Latin American Prayer Fellowship* (Compañerismo de Oración de Latinoamérica). Esta era una pequeña *Misión de Fe Protestante* (Protestant Faith Mission) con base en California, USA, que trabajaba principalmente en México. Solicitó trabajar con el *Compañerismo de Oración* y

144 Wikipedia, la enciclopedia libre. *Charles Thomas Studd*, más conocido como C. T. Studd. Nació el 2 de diciembre de 1860 en Spratton, Northamptonshire, Inglaterra. Murió entre el 1 y 16 de julio de 1931, en Ibambi, Congo Belga, África. Fue un jugador de críquet británico y misionero. En 1888 contrajo matrimonio con Priscilla Stewart, tuvieron cuatro hijas y dos hijos (que murieron en su infancia). Fue parte de los Siete de Cambridge, un grupo de estudiantes que en 1885 decidieron hacerse misioneros en China. Posteriormente Studd estableció la misión *El corazón de África*, conocida actualmente como *Worldwide Evangelisation Crusade* (WEC International). (La Habra, California. Internet. Consultado el 28 de diciembre del 2020), ¿? https://es.wikipedia.org/wiki/Charles_Studd

145 Max Serwin Liddle. *The Paulsens*. Trd. Elizabeth Barajas. (Material escrito en New Zealand. No editado. Enviado por correo electrónico desde New Zealand. Enero de 2019). 76-77

fue aceptada como misionera a mediados de 1928. Pero, repito, esta no era la misión que Dios tenía para ella.

La confirmación del llamado de Dios a la obra misionera comenzó a ser una realidad con uno de los milagros que Polsiton experimentó como estudiante. El costo financiero de los estudios para una mujer joven y en las circunstancias económicas en que se encontraba – recordemos que su padre estaba en bancarrota - era una situación no eran muy agradable, más bien eran circunstancias desalentadoras.

Sin embargo le llegó la ayuda económica que necesitaba. El Señor la estaba preparando con milagros inesperados; a Moisés, el siervo de Dios en el Antiguo Testamento, el Señor le presentó una zarza ardiendo pero que no se quemaba. Desde ese lugar de la zarza, Dios le envió a Egipto con la misión de sacar al pueblo de Israel de la esclavitud.[146] Es muy interesante notar que: "En este encuentro dramático – entre Dios y Moisés -… Moisés recibe la orden de volver a Egipto, para liberar al pueblo de Israel de la esclavitud y llevarlo a la tierra prometida. De allí en adelante, Moisés dedicaría todo su tiempo y energía al cumplimiento de esa orden de Dios".[147]

La señorita Paulsen, probablemente solo conocía América en un mapa, por eso a ella no se pide volver como a Moisés, ella fue llamada para ir. Para cumplir con ese llamado, dedicó todo su tiempo y sus energías durante sesenta y nueve años.

Volviendo al milagro económico, Polsiton, en sus escritos dice: "20 amigas de mi clase de Biblia me dieron por dos años, una ayuda de una libra esterlina. Eso es un chelín por semana.[148] Fue una ofrenda dada por 20 mujeres jóvenes".[149]

---

[146]   Éxodo 3:1-22.

[147]   Comentario en la *Biblia de Estudio Esquematizada*. (Brasil. Sociedades Bíblicas Unidad. 2007), 101.

[148]   De acuerdo a The money converter, hoy día (junio de 2019), un dólar americano es igual a 102, 05 chelines kenainos.

[149]   Max Serwin. Liddle. *The Paulsens*. Trd. Elizabeth Barajas. (Material escrito en

En camino

Al terminar sus estudios en el *NZ Bible Training Institute* (Instituto de Entrenamiento Bíblico de Nueva Zelandia), salió de la ciudad de Auckland, NZ, hacia México a bordo del Barco Mukura que la llevó al estado de Texas, USA (Al parecer, desembarcó en Corpus Christi, Texas). Desde el puerto viajaron hasta Laredo, Texas. La meta del viaje era encontrarse con el Doctor Alfred Benjamín De Roos, un misionero judío americano del cual ya se ha hecho mención, hablamos de él como el que en 1922 había fundado un orfanatorio al cual le había puesto por nombre: *Casa de Hogar "El Buen Pastor"* (The Home of the Good Shepherd).[150]

Al continuar con su viaje, la señorita Myrtle May Paulsen experimentó sus primeras condiciones negativas de México, en especial hacia los misioneros extranjeros. Cuando intentó entrar a México desde Estados Unidos, las cosas se complicaron. Ella describió sus aventuras migratorias en una carta publicada en *The Reaper*, la revista oficial del *Instituto de Entrenamiento Bíblico*. Su carta dice:

"En Nuevo Laredo, México, cruzando el Río Grande fuimos detenidos, los oficiales de migración esculcaban nuestro equipaje y etc. Aquí presentamos nuestras Tarjetas de Migración y pasamos por un doctor. La atmosfera era muy diferente – habían hombres Mexicanos uniformados por todas partes. Un guardia de los soldados abordó el tren en que viajábamos. Mis papeles no satisficieron al Oficial de Migración porque venía como misionera Evangélica sin permiso para hacerlo. Fue una

New Zealand. No editado. Enviado por correo electrónico desde New Zealand. Enero de 2019). 77.

[150]   Max Serwin Liddle. *The Paulsens*. Trd. Elizabeth Barajas. (Material escrito en New Zealand. No editado. Enviado por correo electrónico desde New Zealand. Enero de 2019). 77.

bendición tener a Mr. Ainley a mi lado pues fue él que contestó y suplicó por mí. Una visita a la Oficina no ayudó en mucho: un "NO" definitivo también vino de parte de ellos.

Al bajar del tren parecía como una derrota pero no había nada más que hacer; y en nuestros corazones había una seguridad de que había por algún lado una salida, pero en ese momento no estaba claro. Después de ser registrados dos veces más por los oficiales quienes esculcaron nuestros equipajes, estábamos de nuevo en territorio Americano y sentimos que podíamos respirar libremente. El refrigerio y el descanso que el hotel proveyó fue muy aceptado por los cansados viajeros, especialmente, viendo el termómetro que registraba como 100 grados centígrados."[151]

Después de una pausa, sigue comentado la señorita Paulsen en su carta dirigida a la iglesia, *El Tabernáculo* de Nueva Zelandia. Diciendo:

"El señor Benjamín De Roos, la persona que estaba esperando a la misionera neozelandesa fue informado de los problemas migratorios de los misioneros por medio de un telegrama. Él fue de inmediato a ver al Secretario Del Estado de la Ciudad de México. El hombre que atendió a Mr. De Roos no pudo hacer mucho. El hombre le dijo al señor De Ross que yo no podría entrar ni como trabajadora social o visitante sabiendo que ya me había declarado como misionera.

Sin embargo a su debido tiempo uno de los jefes jefe apareció y escuchó el caso muy pacientemente, esperó unos minutos y después le dijo al empleado:

[151]   Max Serwin Liddle. *The Paulsens.* Trd. Elizabeth Barajas. (Material escrito en New Zealand. No editado. Enviado por correo electrónico desde New Zealand. Enero de 2019). 77-78

'Manda a pedir el permiso para que esta persona entre'. No hay ninguna duda de quién estaba atrás de esta acción. Dios lo hizo contestando una oración. El permiso fue dado pero claro nunca de inmediato. Usualmente el que está preocupado está detenido en Laredo o en cualquier ciudad fronteriza por una quincena o tres semanas".[152]

El incidente migratorio sirvió como una adecuada introducción a la vida de muchas dificultades a las cuales Myrtle May Paulsen se enfrentó. Dios la estaba preparando para lo que sería un hermoso e increíble ministerio de sesenta y nueve años entre los niños huérfanos y abandonados, especialmente en el estado de Michoacán, México. Los últimos 30 años, o algo más, en su ministro, la señorita Myrtle May Paulsen fue Misionera, Directora de Campo, Jefa del Board de Misiones, Tesorera y Cuidadora de un sin número de niños y niñas mexicanas, ¡todo en uno![153] "¡A Dios sea la gloria!", dijo el cantante Danny Berrios en uno de sus hermosos cantos que alaban a Dios en toda su majestad.[154]

La señora Elena G. White, cuando habla de las persecuciones que tuvieron que pasar los siervos y siervas de Dios conservando su fe sin mancha, dice: "A pesar de verse privados de toda comodidad…. No profirieron quejas. Con palabras de fe, paciencia y esperanza, se animaron unos a otros para soportar la privación y la desgracia".[155] Cuando

[152] Max Serwin Liddle. *The Paulsens*. Trd. Elizabeth Barajas. (Material escrito en New Zealand. No editado. Enviado por correo electrónico desde New Zealand. Enero de 2019). 77-78

[153] Max Serwin Liddle. The Paulsens. Trd. Elizabeth Barajas. (Material escrito en New Zealand. No editado. Enviado por correo electrónico desde New Zealand. Enero de 2019). 78.

[154] Danny Berrios, *A Dios sea la Gloria*. (La Habra, California. Internet. Consultado el 1 de julio de 2019), 1.

[155] Elena G. White. *La gran controversia entre Cristo y Satanás: La última advertencia para un planeta en convulsión*. (Altamont, TN. Harvestiem Books. 1999), 58.

la señorita Myrtle May Paulsen escribió en su carta dirigida al *Tabernáculo Bautista* en New Zealand, diciendo: "No hay ninguna duda de quién estaba atrás de esta acción. Dios lo hizo contestando una oración", me parece – y así lo creo - que después de la aparente derrota al bajarlos del tren en Laredo, Texas, el Grupo Misionero tomó un buen tiempo para estar orando. Al decir: "... contestando una oración", lo que hicieron fue ejercitar su fe en Dios.

El Dios que llama para hacer sus obras es el mismo que abre el camino para llegar al destino que ha marcado.

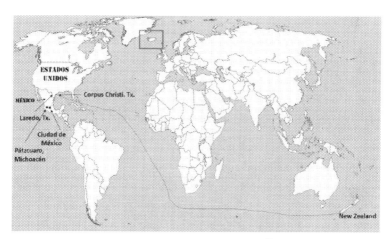

VIAJE MISIONERO DE LA SEÑORITA MYRTLE MAY PAULSEN.

La señorita Myrtle May Paulsen salió de New Zealand a bordo del Barco Mukura y llegó al Puerto en Corpus Christi, Texas en 1929. De allí viajó por carretera a la ciudad de Laredo, Texas. Salió de Laredo rumbo a la ciudad de México. Después de algunos meses de permanecer en la Casa Hogar en la ciudad de México, viajó al estado de Michoacán. En la ciudad de Pátzcuaro, la señorita Paulsen tomó la dirección de la Casa Hogar "*El Buen Pastor*". En 1962 se movió con toda la institución a la ciudad de Morelia, del mismo estado en donde terminó de cumplir con el llamado misionero hasta pocos meses antes de partir a la presencia de Dios desde su tierra natal.

LA LLEGADA AL INTERNADO

Encomienda a Jehová tus obras,
Y tus pensamientos serán afirmados.
Proverbios 16:3

En dos capítulos anteriores titulados: *El Viaje* y *El Encuentro*, he comentado del viaje que hicimos mi padre, el Sr. Alejandro Barajas, mi hermano Israel y yo desde Lombardía, Michoacán, hasta la ciudad de Morelia. También comenté acerca del encuentro con la Señorita Elena Santiago López. Comenté acerca del caluroso saludo que estaba lleno de amor, cuando nos dio la bienvenida. ¡Cómo olvidar ese día! ¡Imposible de hacerlo! Ahora, en este Capítulo que he titulado: *La llegada al Internado*, comento de la misma llegada a la Casa Hogar *"El Buen Pastor"* pero, desde otro punto de vista; del punto de vista de la convivencia con la Señorita Myrtle May Paulsen.

Después de poco más de siete horas de viaje desde lugar de nacimiento: Lombardía, Michoacán hasta la capital del estado: la ciudad de Morelia, llegamos al internado pocos minutos antes de la una y treinta de la tarde, allí estábamos a esa hora frente al gran portón de la Casa Hogar *"El Buen Pastor"*. Allí, como ya lo comenté en páginas anteriores en este libro, nos recibió la señorita Elena con esa sonrisa que le caracterizaba y de inmediato nos invitó o pasar al comedor; ¡parecía que solamente nos estaban esperando a nosotros para empezar a comer! Pero, sea como sea, aquella fue nuestra primera comida en el lugar que se convertiría en nuestro Nuevo Hogar; nuestro cuarto hogar desde que nuestros padres se divorciaron.

El primero había sido con nuestra madre biológica: Señora Guadalupe Hernández Pardo, el segundo con nuestra hermana: Señora, Socorro Barajas Hernández, el tercero con mi padre: Sr. Alejandro Barajas Santoyo. Y ahora, ¡uno más! ¿Cuantos más hogares nos esperaban?

Por lo tanto, allí, por primera vez, rodeado de unos cuarenta niños y niñas de diferentes lugares y edades saboreemos la rica comida del medio día. Cada uno de ellos reflejaba en sus rostros la alegría y satisfacción no sólo de tener alimento para sus cuerpos físicos, sino también porque sus partes inmateriales eran alimentados con el amor que allí recibirán diariamente, así, podían, por el momento, disfrutar de la rica ensalada de verduras y de un sabroso guisado con carne de res.

Y, aquella hija de Dios quien *Era Toda Ella Una Santa*, ¿dónde se encontraba? Allí, sí, precisamente allí. Allí entre los niños y niñas compartiendo su gran amor y cuidado para cada uno en particular y al mismo tiempo de una manera colectiva.

Por ejemplo, aquella, quien *Era Toda Ella Una Santa*, cuando entramos al comedor, sin pensarlo mucho, nos recibió con un fuerte y caluroso abrazo y nos invitó a tomar asiento junto a ella en la mesa.

Por alguna razón que aun desconozco, pero que le agradezco mucho a Dios por esa bendición, aquella primera vez en la Casa Hogar, allí en el comedor de la Institución, me senté junto a aquella hija de Dios quien…

¡Era Toda Ella Una Santa!

Y por si eso fuera poco, en toda ella irradiaba, aun en su
estado adulta, una ternura y amor envidiables.

LA DESPEDIDA

La congoja en el corazón del hombre lo abate;
Más la buena palabra lo alegra.
Proverbios 12:25

E se mismo día en que pisamos por primera vez el piso de la Casa Hogar *"El Buen Pastor"* en la ciudad de Morelia, después de la comida, cerca de las tres de la tarde, sentado en el borde de la única banqueta que tenía el internado en ese tiempo, contemplaba a los niños correr de un lado para otro con sus juguetes de madera y otros de plástico. Algunas niñas estaban paseando a sus muñecas de tela y otras de plástico en sus andaderas mientras que, otras las abrazaban diciéndoles no sé qué cosas.

El patio central de la Casa Hogar "El Buen Pastor" en la ciudad de Morelia, Michoacán, México. Agosto de 2018

Entre tanto, mi padre, saliendo de la oficina de aquella hija de Dios quien *Era Toda Ella Una Santa*, se encaminó hacia nosotros para darnos la terrible noticia del día ¡regresaba a su casa sin nosotros! Al tiempo que nos decía: "Cuando tengan vacaciones vengo por ustedes".

¿Queeé? ¿Qué fue lo que escuchamos? ¡Qué regresaba por nosotros cuando tuviéramos vacaciones! Sí, eso fue exactamente lo que nos dijo. Había llegado el momento crucial; el momento que él estaba esperando pero que nosotros ni nos imaginábamos. Por lo menos yo, no sé si para mi hermano también, pero en mi caso, nunca paso por mi mente durante todo el viaje los planes que mi padre tenía para nosotros.

En esos momentos se nos "partió" el corazón. ¡Mi padre nos estaba abandonando! Agarrados fuertemente de sus pantalones lloramos. No queríamos que se separara de nosotros. Nuestro llanto paralizó todas las actividades de los niños que nos rodearon mientras con una tristeza dibujada en sus rostros nos veían llorar.

Al cerrarse el portón principal que nos separó de nuestro padre, el avanzó lentamente, como no queriéndose ir sin nosotros. Su caminar lento lo llevó por el camino de regreso a su casa, al tiempo que nos hacía señas con su mano derecha de un adiós. Fue un "adiós" casi para siempre, como ya lo expliqué anteriormente, ¡nunca más convivimos juntos!

Sin embargo, en nuestra desdicha; en nuestro dolor emocional causado por la separación, aquella hija de Dios, quien *Era Toda Ella Una Santa*, se apresuró a consolarnos. Nos abrazó, nos llevó hacia el patio principal del Internado, se sentó en medio de nosotros en aquella única banqueta del pasillo sur y mientras nos abrazaba nos mostró ese amor de *Madre Ejemplar* que nunca jamás he olvidado. Sentí en ese entonces que ella se comprometía ante Dios y ante nosotros a protegernos el resto de su vida. Y, ¡así lo hizo! Esta mujer de Dios, quien *Era Toda Ella Una Santa*, oró por nosotros ante Dios constantemente por el resto de sus días.

Como todo un niño que empezaba a experimentar la adolescencia, en ese entonces no entendí por qué mi padre nos "abandonaba" dejándonos encerrados en un internado y con gente extraña. Muchos años después comprendí su proceder.

¿Hasta cuándo llegué a comprender la actitud de mi padre? En agosto de 1990 llegué al Aeropuerto Internacional de la ciudad de México para poner a mis dos hijos; René y Elizabeth, en un avión que los llevó hasta los Ángeles California. El dolor interno; el dolor emocional de la separación lo comencé a sentir desde que viajamos desde Córdoba, Veracruz a la ciudad de México. Pero, al verlos cruzar la línea donde revisan los boletos de abordaje, el dolor aumentó, comencé a sentir un dolor en el pecho y un gran nudo en la garganta que no me dejaba hablar ni casi respirar. El tiempo, la distancia y las circunstancias me separaban de mis amados hijos. ¡Qué dolor! ¡Es algo incomprensible!

Al salir del Aeropuerto Internacional, mientras escuchaba el motor de los aviones al despegar, no pude contener mis lágrimas. Más de una vez volví la vista hacia el Aeropuerto y mientras veía a los aviones salir para diferentes rumbos me preguntaba si alguna vez más volvería a ver a mis hijos. ¡Ah, Señor, qué dolor! ¡Qué tristeza! Probablemente ese fue el sentir de mi padre mientras se retiraba lentamente del internado. Quizás no le dio tiempo de llegar a la otra esquina de la calle, llamada; *Calle Octavia de Zaragoza* antes de que las lágrimas saturaran sus ojos. ¡Qué gran amor el de mi padre! Buscó lo mejor para sus hijos aunque esto le costara la separación de por vida de ellos.

La cocina de la Casa Hogar en Morelia. Michoacán, México.

Mientras tanto, aquella hija de Dios quien *Era Toda Ella Una Santa*, en la Casa Hogar, nos envolvió y cuidó con ese amor que le caracterizaba, de tal manera que, no extrañamos mucho el hogar paterno como para regresar de inmediato. En compañía de la Señorita Elena Santiago, su brazo derecho en el atareado ministerio de la Casa Hogar, nos amaron incondicionalmente a mí y a mi hermano Israel, lo mismo que hicieron con mi hermano Elpidio años después. "La congoja en el corazón" de la cual habla el proverbista; aquello que nos estaba abatiendo mientras sentimos la ausencia de nuestro padre, "la buena palabra de "Polsiton" nos alegró al mostrarnos el amor divino y el de una...

Madre Sumamente Amorosa.

EL CONVIVIO

En toda labor hay fruto;...
En la casa del justo hay gran provisión.
Proverbios 14:23a; 15:6a

El periodo escolar llegó y nos inscribieron en la *Escuela Primaria Benito Juárez*. La Escuela se encontraba casi a la mitad de una hermosa calzada de piedra de cantera, tenía árboles y asientos hechos con la misma piedra en ambos lados y a todo lo largo de ella. Es una calzada que principia en la Calle Madero; caminando del oeste al este de la ciudad. La Calle Madero es la principal Calle de la ciudad. La calzada termina frente al enorme portón de la Iglesia Católica. *"El Sagrado Corazón de Jesús"*. Es la famosa Calzada de nombre: *Calzada Fray Antonio de San Miguel (Fray Antonio de San Miguel Avenue).*

Todas las tardes, excepto los domingos, después de cumplir con nuestras tareas escolares y los trabajos no domésticos, jugábamos futbol en la Calle Madrigal de las Altas Torres, calle al Sur de la Casa Hogar. (Al Oeste se encuentra la Calle Carpinteros de Paracho). En ese entonces, en los años mil novecientos sesentas, ninguna de las dos estaban pavimentadas, pero un verde pasto las cubría y así, era un lugar ideal para patear la pelota y amortiguar los golpes de las caídas.

De vez en cuando, aquella hija de Dios, quien *Era Toda Ella Una Santa*, dejaba sus actividades de oficina y llegaba hasta la calle para apoyar nuestro deporte. Por un buen rato nos veía jugar y complacida por ver a sus hijos felices regresaba a su oficina para continuar con sus deberes.

¡Ah, qué hermoso tiempo de la inocente niñez! Y con una hija de Dios, como lo era la Señorita Myrtle May Paulsen, a nuestro cuidado, ¡mucho más hermoso fue ese tiempo! Tiempo que nunca más volverá.

¡Ah, qué tiempos aquellos! Sí, aquellos tiempos en que sentarse al lado de aquella hija de Dios quien *Era Toda Ella Una Santa*; Polsiton, como nosotros le decíamos de cariño, y escuchar sus sabios consejos fue toda una bendición. Oh, estar a su lado mientras nos enseñaba como cultivar la tierra de la huerta de la institución para sembrar las verduras, porque, con una fuerza como la de cualquier hombre, dejaba su oficina, se arremangaba su corto delantal, agarraba la pala o el pico o el talacho o el azadón, cualquiera que fuera el instrumento que necesitara en ese momento y ponía manos a la obra mientras nos decía: *"Aquí vamos a sembrar este tipo de cebollas. Allá, en ese tramo sembraremos rábanos, y en este otro lechuga"*.

En tiempo de preparar la tierra y sembrar la semilla, la señorita Paulsen se convertía en un Padre-*Madre Ejemplar* para nosotros, enseñándonos las labores de la agricultura. Daba gusto verla sonreír cuando veía que algunos de nosotros no podíamos levantar la pesada pala con tierra o el pesado talacho para escavar la tierra o, cuando se recogía el fruto, allí la veíamos sonreír y darle gracias a Dios por la cosecha.

¿Y qué les parece estar a su lado junto al piano entonando los villancicos navideños? ¡Ah, esa fue otra de las grandes bendiciones que teníamos en nuestro convivir con aquella hija de Dios quien *Era Toda Ella Una Santa!* Allí, en el comedor de la Institución durante los días del mes de diciembre nos juntábamos alrededor del piano y mientras ella tocaba y trataba en vano de guiar nuestra pésima tonada - estoy hablando de la mía - a la nota correcta, cantábamos muy emocionados las canciones navideñas como: *"Noche de Paz"; Oh Santísimo Felicísimo"; "Venid Pastores";* y otros más de los tradicionales cantos navideños.

Las palabras del proverbista eran una clara realidad entre nosotros en aquellos día, pues al decir que: *"En toda labor hay fruto;. . ."* y que: *"En la casa del justo hay gran provisión",* tal parece que el proverbista estuvo viendo desde su tiempo la armonía que nosotros vivimos en la Casa Hogar, pues, eso fue precisamente lo que experimentamos al lado de Polsiton; ella veía el fruto de su trabajo mientras que nosotros disfrutábamos la gran provisión de Dios al lado de una *Madre Ejemplar.*

Esos tiempos de compañerismo familiar en la Casa Hogar *"El Buen Pastor"* fueron tiempos de regocijo. No es que no lo sean ahora, ¡pero aquellos fueron nuestros días! ¡Fue un hermoso tiempo! Los que fuimos afortunados con aquel compañerismo que la Señorita Paulsen nos brindó, ¡nunca olvidaremos esas horas! ¡Nunca olvidaremos esos días! Fueron los buenos y mejores tiempos en la Casa Hogar *"El Buen Pastor".* Y, todo se lo debemos a Polsiton, aquella mujer de Dios quien…

Era Toda Ella Una Santa.

La Señorita Paulsen frente a la CASA HOGAR "EL BUEN PASTOR" 1963

PRIMER DESCENSO: EL CEMENTO

Hijo mío, si los pecadores te quisieren engañar, no consientas. El que anda con sabios, sabio será; más el que se junta con necios será quebrantado.
Proverbios 1:10; 13:20

Hasta la fecha me encantan los deportes. A un costado de la Casa Hogar estaba un estadio de futbol con una pista para el atletismo – hoy son residencias - así que, cuando no estaba jugando futbol me encontraba corriendo en el estadio.

Mientras el tiempo corría terminé mi Educación Primaria en la *Escuela Simón Bolívar*, la cual estaba situada al final de la calzada de cantera, es decir, al lado norte de la Iglesia Católica. Allí, estudié el Quinto y Sexto grados.

Ahora bien, cuando estaba cursando mi Sexto grado escolar alguien de mis compañeros me invitó a inhalar cemento; una especie de goma que se usa para parchar las llantas de las bicicletas y de algunos autos. Esa goma pegajosa tiene un fuerte olor que marea en pocos minutos. Y aunque mi gran amigo del Sexto Grado; Miguel Sosa me advirtió del peligro al inhalar tal elemento, insistí en que sólo era para probar. En mi necedad, no solamente perdí su amistad cuando vio que ya no tenía tiempo para que juntos, como lo solíamos hacer en ocasiones, cumplir con las tareas escolares, sino que también, perdí a casi todos los compañeros del Sexto Grado.

¡Maldito ese día! ¡Maldito ese momento en que acepté tal invitación! Sí, lo maldigo porque allí comenzó un estilo de vida completamente diferente para mí. De allí en adelante, en lugar de estar corriendo en la pista de atletismo o estar jugando futbol, o estar en la Alberca Olímpica del Estadio Venustiano Carranza practicando mi natación, cada tarde, algunas tardes sin cumplir aun con mis tareas escolares, me encontraba tirado en el pasto del jardín en frente de la *Escuela Simón Bolívar*. En otras ocasiones me drogaba en el mismo estadio donde acostumbraba hacer ejercicio o, en la huerta del Internado. En esos lugares, completamente drogado con los efectos del cemento me quedaba dormido sobre lo que encontrara.

Mientras el tiempo transcurría, el jovencito deportista que estaba por terminar su Sexto Grado de la Educación Primaria empezaba a derrumbarse. Mientras tanto, aquella hija de Dios quien *Era Toda Ella Una Santa* y, que sabía en qué camino iba uno de sus hijos, oraba más por él y en lugar de que su amor disminuyera, aumentaba más y más. Era un amor que yo lo presentía; que lo notaba pero... Mientras ella oraba a su Dios por mí, yo me degradaba mucho y más.

El proverbista dijo: "Hijo mío, si los pecadores te quisieren engañar, no consientas. El que anda con sabios, sabio será; más el que se junta con necios será quebrantado".[156] Este sabio consejo no lo puse en práctica aunque me lo sabía de memoria, pues la Señorita Elena Santiago López me lo había enseñado y me había obligado a memorizarlo. Consentí y me deje engañar; me junté con necios y fui quebrantado. Por el hecho de dejarme engañar y de seguir malas compañías, estaba listo para dar el segundo paso. Y,...

¡Desafortunadamente lo di!

---

[156] Proverbios 1:10: ; 13:20

**Elpidio Ramírez y Eleazar Barajas en la Alberca
Olímpica de la ciudad de Morelia. Diciembre de 1973**

SEGUNDO DESCENSO: LA SEPARACIÓN

Aun el muchacho es conocido por sus hechos,
Si se conducta fuere limpia y recta.
Proverbios 20:11

Logré terminar más o menos bien la Educación Primaria. Apoyado por el espíritu indomable de aquella hija de Dios quien *Era Toda Ella Una Santa*, me aceptaron en la *Escuela Secundaria "José María Morelos Y Pavón"*. Y allí, mi mal comportamiento aumentó. Como mi conducta no era ni "limpia' ni "recta", aun así me di a conocer; desafortunadamente me conocieron por mi mala conducta; por hechos malos. Es decir mis compañeros de la Secundaria me conocieron en todo lo contrario de lo que dice el proverbista.

Casi al principio de la Educación Secundaria mi hermano Israel decidió abandonar el internado y salió a escondidas (por no decir huyendo) junto a otro "compañero" para la ciudad de México. Mi hermano decidió hacer su propia vida – Las malas compañías corrompen el alma y el estilo de vida - . Yo seguí viviendo en la Casa Hogar.

Mi hermano Israel y yo éramos muy unidos, inseparables; casi como si fuéramos gemelos. Hasta la fecha no recuerdo que entre nosotros hubiese un pleito o grandes desacuerdos de tal manera que nos separasen. Siempre fuimos muy unidos. Aun cuando le clave un dardo casero, hecho con una aguja y plumas de gallina en la espalda durante unos de nuestros múltiples juegos caseros, aun así, nuestra amistad de hermanos nunca se rompió: Seguimos teniendo la amistad que teníamos de niños y adolescentes.

Al salir mi hermano Israel de la Casa Hogar *"El Buen Pastor"*, pese a las muchas actividades y los treinta o cuarenta niños, me sentí solo; ¡Completamente SOLO en medio de todos los demás internos! Ya tenía el vicio del cemento, ahora, para apaciguar la soledad que sentía comencé a fumar como loco, hasta dos cajetillas de cigarros por día. Por lo menos tres veces por semana estaba en el cine y, rematé uniéndome a una pandilla en la Secundaria; a los llamados *"Temibles del Barrio"*.

¡Mis quince años de vida los estaba echando a la basura! Las drogas baratas y la pandilla me estaban marcando de por vida. Por ejemplo, recuerdo aquella noche en que estaba saliendo de la escuela (8:00 p.m.), una de las pandillas rivales me estaba esperando en la siguiente esquina; la esquina de la escuela junto a la Avenida Acueducto.

En cuanto llegué a ese lugar me rodearon, no me dieron tiempo de nada, sacaron sus gruesos cinturones y con ellos me golpearon hasta hacerme sangrar la espalda y la cabeza. Caí al suelo en donde recibí un sin número de patadas hasta perder el conocimiento.

Como a las tres de la mañana desperté quejándome de los intensos dolores en todo el cuerpo. Me habían dejado como un perro muerto junto a una palmera en la esquina de la Calle Octava de Zaragoza y la Avenida Acueducto. La sangre había servido para que la camisola del uniforme escolar se me pegara en las heridas de la espalda. Con mucho esfuerzo y terrible dolores caminé llorando, hasta la Casa Hogar. El internado estaba solamente a dos cuadras de distancia.

Mordiendo una parte de la camisola para no gritar de dolor, logré brincar la barda del internado. Fui de inmediato al baño y con agua tibia logré, mientras lloraba de dolor, allí bajo la regadera, separar definitivamente la camisola de mis heridas. Con mucha cautela llegué hasta mi cama y me acosté boca abajo. Mi espalda estaba con muchas cortadas a causa de los golpes recibidos con las hebillas de los cinturones que usábamos en la escuela, eran parte del uniforme escolar.

Recuerda, amable lector(a), que uno de los trabajos de la Casa Hogar era ir al molino. Cada uno de los varoncitos tenía que ir al molino por una semana. Tenía que salir a las cinco de la mañana. Pues bien, esa misma semana de la golpiza me tocaba a mí el trabajito del molino.

Entonces, tal y como era su costumbre, aquel día, la señorita Elena Santiago López llegó a las cinco de la mañana para despertarme para cumplir con mi trabajo. Hacía casi una hora que me había acostado y con los terrible dolores que sentía, era casi imposible que me levantara muy tranquilo y cargara una tina llena de nixtamal sobre mi cabeza llena de bolas y aberturas o en la espalda que aún tenía bien marcadas las huellas de los cinturones y, ¡caminar con ella tres cuadras! ¡Eso sí que fue una tortura! El pecado no deja nada bueno.

Cinco minutos después de la primera vez, la Señorita Elena Santiago llegó nuevamente, pero ahora con su vara de membrillo en mano y, bastó solamente un golpe sobre mi espalda para pegar un grito y un brinco al mismo tiempo de tal manera que desperté a los otros compañeros de cuarto y asusté a la Señorita Elena.

Como no quería que descubrieran mis fechorías, a regañadientes y con tremendos dolores cumplí con mi deber.

¿*"Mi conducta limpia y recta"* como dice el proverbista?, ¡para nada! ¿Qué si era conocido por mis hechos? ¡Claro que sí! Pero no por los buenos sino por los malos hechos. Era conocido porque por más oculto que tratara de tener mi mal conducta, era imposible hacerlo dentro de la comunidad en la que vivíamos, es por eso que, aquella hija de Dios quien *Era Toda Ella Una Santa,* también sabía en qué pasos andaba. Pero, aunque nunca me dijo una sola palabra de reproche, aquella gran *Madre Ejemplar* lo sabía todo.

¡Sí!, ¡Ella Sabía Todo Sobre Mi Mal Comportamiento!

TERCER DESCENSO: SALIDAS NOCTURNAS

El camino de los impíos es como la oscuridad;
no saben en que tropiezan.
Proverbios 4:19

Al finalizar mi Segundo Grado de Secundaria, durante el verano viajé a la ciudad de México para estar con mi madre biológica, la cual vivía en Tlalnepantla, Estado de México. De inmediato comencé a trabajar como ayudante de albañil en las casas que hoy son las residencias de ciudad Satélite.

Mi madre vivía muy cerca de una pulquería así que, también comencé a tomar el néctar de los dioses como le llamaban los antiguos aztecas. Entonces, llegaron los días en que al finalizar el trabajo; los fines de semana, cuando era el día de paga, cuando lograba llegar, a la casa de mi madre, esos fines de semana estaba completamente borracho a causa de beber con exceso el pulque. Algunos fines de semana mi madre fue por mí a la construcción; yo no sabía cómo regresar ni me preocupaba tal cosa, bebía el pulque, me emborrachaba y me quedaba allí dormido. "El camino de los impíos es como la oscuridad; no saben en que tropiezan"[157] – dice el sabio proverbista - y, como impío que era, no sabía a dónde me llevaría el vicio del pulque.

Con ese hábito que había adquirido en tan sólo mes y medio – durante el verano -, regresé a la Casa Hogar *"El Buen Pastor"* y allí, comencé a usar drogas más fuertes, siempre baratas, pero muy perjudiciales para la salud física y mental; tales como pastillas mezcladas con Coca Cola y un poco de mariguana, la

---

[157]   Proverbios 4:19, (NVI).

cual, gracias a Dios, no me gusto, así que no la seguí usando. Además era muy cara para mí. Aunque las drogas que yo usaba eran baratas, necesitaba dinero para poder comprar los cigarros, pagar el cine, las pastillas y aun la Coca Cola.

¡Dinero! ¿De dónde sacar dinero? Bueno, allí estaba otra vez la intervención de aquella mujer de Dios con otra actitud que aún me sorprende de aquella quien *Era Toda Ella Una Santa*, fue la actitud de confiarme los cheques y dinero en efectivo para hacer las compras. ¡Ella sabía de mi adicción! ¿Por qué hacía eso? Aun hoy día no lo sé.

En fin, en mis sinvergüenzadas, no desaproveché aquella oportunidad de sacarle provecho a la confianza que aquella hija de Dios quien, *Era Toda Ella Una Santa* había depositado en mí. Por eso es que, algunas notas de compra yo mismo las falsifiqué, a otras le pedí al empleado que anotara más de la cantidad real. Así, cada semana o antes, conseguí dinero fácil para mantener mi adicción. Pero también tenía suficiente dinero para gastar en fiestas. Por lo tanto, comencé a salir por las noches a los bailes – aunque nunca me ha gustado bailar -. Ese año asistí casi cada noche a la *Feria Regional* en la Colonia Santiaguito. Estuve en las fiestas de los amigos o sencillamente salía por las noches para drogarme. En la madrugada regresaba a la Casa Hogar, me brincaba la barda y me acostaba como si nada hubiese sucedido.

Por lo general a las seis y media de la mañana o a más tardar a las siete despertaba el "angelito" consentido de "*Polsiton*", listo para cometer otro fraude contra aquella hija de Dios quien *Era Toda Ella Una Santa*.

Con el tiempo se dieron cuenta que algunos rosales y plantas al pie de la barda estaban rotos y sabían, también, que alguien se brincaba la barda por las noches – mejor dicho, por las madrugadas -. Estoy bien seguro que aquella Hija de Dios quien *Era Toda Ella Una Santa* sabía o por lo menos sospechaba quien era el ladrón y salteador. Aun así, solamente en una sola ocasión me preguntó, diciéndome: "¿Sabes tú quien se brinca la barda por las noches?" – No, no sé quién sea – le respondí. ¡Mentirosoooo!

Un día, como a las ocho de la mañana, llegaron a la Casa Hogar, un maestro albañil y su ayudante y comenzaron a trabajar pegando ladrillo rojo sobre la barda a todo lo largo de ella. Al tercer día, la barda tenía un metro más de altura. El trabajo de albañilería fue un gasto innecesario y todo por mi mal estilo de vida. Cuando digo *innecesario* es porque se les olvidó cortar una pequeña higuera que estaba en la esquina del lado este de la propiedad, esa higuera fue mi escalera; la usé para seguir brincándome la barda.

Me sentía mal; no quería bajar más moralmente. Buscando una salida de ese estilo de vida me inscribí en el equipo de natación de la Secundaria. Entonces, las cosas parecían que iban un poco mejor. Los entrenamientos en el Estadio Olímpico me ayudaron mucho para dejar atrás un poco la mala conducta. Durante las prácticas tenía que nadar 400 metros sin parar y contra el reloj, pero... no di "el ancho". Las desveladas, el tabaco, pastillas y demás cosas me habían restado la condición física. Así que, muy pronto, ¡quedé fuera del equipo! También mis calificaciones en la Secundaria, especialmente cuando comencé el Segundo Semestre en mi Tercer Grado, reflejaron mi mal comportamiento. Durante ese tiempo comenzaron a bajar mis calificaciones a causa de mis constantes ausencias a clases y por no cumplir con las tareas escolares; faltaba a las clases para estar en el cine o en otros lados con los compañeros de pandilla, o en alguna fiesta. ¡Son pésimas las calificaciones de mi Tercer Grado! Creo que logré graduarme solamente porque Dios escuchó las oraciones de su hija quien *Era Toda Ella Una Santa* en mi favor.

Pero, ¿qué pasaba con aquella hija de Dios mientras veía y sabía de mi conducta? Bueno, aquella hija de Dios quien *Era Toda Ella Una Santa* se dolía en silencio. Era un dolor causado por ver y oír que uno de sus hijos amados caminaba entre y con malas compañías. Aunque mi corazón se estaba endureciendo cada día más y más, aquella primera vez en que vi llorar a aquella mujer de Dios quien *Era Toda Ella Una Santa*, me partió el corazón. ¡Hizo llorar a mi *Madre Ejemplar*! ¡Eso no tiene perdón de nadie! Pero, ¡Dios lo hizo! ¡Dios me perdonó!

Una noche saliendo de la Escuela Secundaria, como a las ocho con diez minutos – las clases terminaban a las ocho de la noche -, me acerqué para ver cómo se peleaban dos pandillas. Mientras peleaban y se golpeaban con cinturones, palos y cadenas, uno de ellos sacó de dentro de su ropa un pedazo de antena de radio de automóvil y con ella le perforó el estómago a uno de los rivales. De inmediato todos los pandilleros corrieron dejando al herido tirado en el suelo junto a la banqueta para que la Cruz Roja y la Policía local lo atendieran.

A uno de los primeros que la Policía agarró fue a mí, mientras me encontraba viendo al herido. Me esposaron y me metieron en la patrulla; una camioneta con camper. Esa misma noche el herido murió en la Cruz Roja después de tres rápidas operaciones que le hicieron tratando de salvarle la vida. Y, esa misma noche yo quise dormir – no podía hacerlo -, sentado sobre el frío piso de cemento en una de las celdas de la cárcel que estaba junto al Mercado Municipal "Revolución", traté en vano de dormir. Además, los guardias nos gritaban y amenazaban, así que, dormir, eso fue imposible.

No, ¡claro que no! La Palabra de Dios no se equivoca en sus declaraciones y advertencias. Si ella dice que: *"El camino de los impíos es como la oscuridad; No saben en que tropiezan"*,[158] es porque Dios nos conoce perfectamente y sabe de qué pie cojeamos. Los tropiezos en la vida no son la culpa de Dios, eso lo aprendí en la Casa Hogar *"El Buen Pastor"*, bajo las enseñanzas de la Señorita Elena Santiago López. Tropezamos porque caminamos en la oscuridad del pecado y no en la luz

---

[158]   Proverbios 4:19, (NVI).

gloriosa del Evangelio de Jesucristo. Ese fue el tipo de Evangelio que tanto amó y observó aquella mujer quien *Era Toda Ella Una Santa.*

Entonces, aquella hija de Dios quien *Era Toda Ella Una Santa* llegó hasta la cárcel al día siguiente sin importarle la vergüenza que le estaba ocasionando. Con lágrimas que opacaron sus hermosos ojos azules se mantuvo serena. Cuando abrieron la última reja de la fría Cárcel Municipal, me tomó de la mano y me sacó de ese horripilante lugar sin hacerme absolutamente ningún reclamo. Sin hacerme preguntas, todavía tomado de su mano, subimos al camión urbano y llegamos a la Casa Hogar en completo silencio. ¡Ah, qué Madre Ejemplar! Aguantó el dolor de ver a uno de sus hijos en cárcel; aguantó la vergüenza de sacar a uno de sus hijos de la cárcel y aguantó el llanto y los reclamos hacia su hijo. Ella era una ¡*Madre Ejemplar*!

¡Qué amor de Madre! ¡Qué amor el de aquella hija de Dios quien…!

¡Era Toda Ella Una Santa!

ENCUENTRO Y RE-ENCUENTRO

Todos los que - a la Sabiduría- se lleguen, no volverán, ni seguirán otra vez los senderos de la vida. Así andarás por el camino de los buenos, y seguirás las veredas de los justos.

Proverbios 2:19-20

Disimulando lo más posible que podía mi mal comportamiento, cada domingo, asistía a las actividades de la *Tercera Iglesia Bautista* en el noreste de la ciudad de Morelia.

Cuando cursaba mi Segundo Grado de Secundaria, en una Campaña de Evangelismo en mi iglesia acepté a Jesucristo como mi Salvador personal. ¡Ese fue mi encuentro con Jesucristo! Pero no anduve "por el camino de los buenos," ni seguí "las veredas de los justos." Aun así, en ese día en que di aquel paso tan importante en mi vida, aquella hija de Dios, quien *Era Toda Ella Una Santa*, por supuesto que, ¡me felicitó!

Poco tiempo después, mi Pastor apoyó la decisión del Superintendente de la Escuela Dominical al nombrarme maestro de los niños principiantes. ¡Qué barbaridad! ¡Yo, maestro de la Escuela Dominical! Pues sí. Como dije anteriormente, traté de disimular lo más que pude mis maldades, mejor dicho, mis pecados y, por más de un año fui el maestro de los principiantes de la *Segunda Iglesia Bautista* en la ciudad de Morelia. Y Polsiton estaba feliz de mi ministerio en la iglesia.

Cuando regresé de la ciudad de México para reanudar mi tarea como maestro de niños, todavía traía el olor del pulque y, aun así, la supe disimular muy bien y, nadie se dio cuenta de la tremenda hipocresía que había en mi persona.

Esa actividad eclesiástica, la de maestro de niños, por increíble que parezca, no mejoró mi estilo de vida. Estaba convencido de que era un hijo de Dios por eso los domingos por la mañana estaba en la iglesia cumpliendo con mi hermoso trabajo pero, ¿qué de las tardes y noches domingueras? Esas eran para satisfacer mis instintos bestiales; mi carne.

Cuando Polsiton me preguntaba al día siguiente a que iglesia había asistido la noche anterior, le mentía mencionándole el nombre de otra iglesia distinta a la que ella había visitado. Y, aquella hija de Dios quien *Era Toda Ella Una Santa* y a la que no se le podía engañar, sabía que le estaba mintiendo.

A mediados del Tercer Grado en la Secundaria, es decir, para el mes de enero, dejé de ser maestro de los principiantes y al mismo tiempo comencé a ausentarme de la iglesia. Ya para el mes de febrero de 1968 era muy raro que yo entrase a una iglesia.

Una noche, regresando del cine, un poco mareado de tanto fumar y también por las pastillas que me había tomado en el cine con Coca Cola, caminaba hacia la Casa Hogar sobre la banqueta de la Avenida Madero – es la Calle Principal de la ciudad -. Sobre esa misma calle, casi enfrente de las oficinas del Correo está la *Primera Iglesia Bautista*, era un jueves de Semana Santa, la iglesia estaba celebrando una Campaña de Evangelismo. El predicador era un texano de nombre James William. Al pasar por enfrente de la puerta principal de la iglesia escuché un himno muy conocido; *"Santo, Santo, Santo, Señor Omnipotente. Siempre el labio mío, loores te dará"*. La música y la letra me llamarón la atención y entré, así, también, tendría una buena excusa para llegar tarde a la Casa Hogar.

Dentro del Santuario me senté en la última banca. Esa noche el predicador habló sobre la Parábola del Hijo Pródigo.[159] Lo escuché atentamente; lo más que pude por causa de mi mareo. Al

159   Esta parábola de encuentra en Lucas 15:11-32

final de su predicación, cuando el predicador hizo la invitación para arreglar cuentas con Dios, así como lo hizo el hijo Pródigo con su padre, una poderosa fuerza invisible me levantó, me puse en pie y comencé a caminar y a llorar por el largo pasillo hasta caer de rodillas frente al altar. ¡Yo era, también, un hijo pródigo!

"Todos los que - a la Sabiduría - se lleguen, no volverán, ni seguirán otra vez los senderos de la vida".[160] Dice el proverbista. Y luego agrega: "Así andarás por el camino de los buenos, y seguirás las veredas de los justos".[161] Esta Escritura comenzaba a ser una realidad en mi vida. Allí, de rodillas ante el altar de la *Primera Iglesia Bautista* de la ciudad de Morelia, ¡tuve mi Reencuentro con mi Dios! Y, Aquella hija de Dios, quien...

Era Toda Ella Una Santa, ¡aun no lo sabía!

[160]   Proverbios 2:19, (NVI).
[161]   Proverbios 2:19-20, (NVI).

EL PERDÓN: EL FRUTO ESPERADO

El que encubre sus pecados no prosperará;
Más el que los confiesa y se aparta alcanzará misericordia.
Proverbios 28:13

¡**H**ermosa noche! ¡Ah, cómo dormí aquella noche! Hacia muchas noches que no había podido dormir ni tantas horas ni tan tranquilamente como esa bendita noche. Y, por supuesto, esa noche, por primera vez en muchas noches ¡no me brinqué la barda! ¿Cómo hacer tal cosa cuando regresaba de la iglesia? ¿Cómo hacerlo otra vez cuando regresaba de haber tenido un hermoso reencuentro con mi Dios? Aquella noche del jueves de Semana Santa era un joven con diecisiete años completamente diferente.

Habiendo recibido el perdón de mi Padre Celestial, tal y como lo hizo el hijo Pródigo, era también necesario recibir el perdón de la que en esos días era mi Padre/Madre, ¡Sí! ¡Necesitaba el perdón de Polsiton! Necesitaba el perdón o la disciplina de aquella quien Era Toda Ella Una Santa y una *Madre Ejemplar.*

Antes de entrar al dormitorio de los niños, fui directamente a la oficina de la Señorita Paulsen. Al parecer me estaba esperando, pues, estaba sentada en la sala de su departamento y allí, le conté acerca de mi nueva experiencia con Dios. Pero, también le conté acerca de casi todas mis maldades, hipocresías y abusos contra ella, al mismo tiempo que le pedí su perdón.

Por segunda ocasión mis ojos fueron testigos de lágrimas que volvieron a opacar aquellos hermosos ojos azules como el cielo en plenitud. Sí, lloraba al mismo tiempo que me abrazaba.

¡Era un llanto de gozo! Al fin sus oraciones se cumplieron y sin palabras, como casi siempre ella acostumbraba, mientras me tenía abrazado lloraba en silencio y le agradecía a Dios. ¡Qué barbaridad! ¡Qué crueldad! Yo, el hijo consentido de Polsiton, la volvía hacer llorar. Y, aunque es cierto que ahora lloraba por una emoción diferente, de todas formas lloraba. ¡Lloraba porque uno de sus hijos amados había sido librado del mismo infierno y de las garras de Satanás y las drogas! Lloraba porque yo había dejado el "chiquero" y había caminado por el camino derecho a "casa" como lo había hecho el Hijo prodigo en la parábola que Jesús les contó a sus contemporáneos.

"El que encubre sus pecados no prosperará; más el que los confiesa y se aparta alcanzará misericordia",[162] dice el sabio escritor y eso fue precisamente lo que hice: confesé mis pecados a Dios, luego a la Señorita Paulsen y de ambos lados alcance la misericordia.

Cuando Jesucristo les presentó la parábola de la oveja perdida a los "publicanos y pecadores" que llegaron hasta Jesús para oírle, al final del relato, les dijo: "Os digo que así habrá más gozo en el cielo por un pecador que se arrepiente..."[163] y en aquella noche del jueves de Semana Santa de 1968, los ángeles hicieron fiesta porque el joven Eleazar Barajas había sido perdonado de todos sus pecados. Y, aquella mujer, hija del Dios altísimo, aquella *Madre Ejemplar,* quien...

Era Toda Ella Una Santa ¡Se Regocijó Conmigo!

---

[162]   Proverbios 28:13, (NVI).

[163]   Lucas 15:7, (RV60).

LA "OVEJA NEGRA"

Entonces entenderás justicia, juicio y equidad,
y todo buen camino.

Proverbios 2:9

Ahora bien, aquella hija de Dios quien *Era Toda Ella Una Santa*, Myrtle May Paulsen, era también una mujer realista dentro de las cosas de Dios. Fue alguien que creyó, esperó, oró, sufrió y se esforzó para ver el cambio del grosero, hipócrita, ladrón, mentiroso, drogadicto y malvado hijo que tenía entre tantos otros a los cuales también amaba por igual. Aunque creo que yo fui su consentido, lo digo con el perdón de todos los otros que, también se sintieron consentidos de Polsiton y que también disfrutaron de ese tremendo amor de madre por parte de aquella hija de Dios, quien *Era Toda Ella Una Santa* en toda la expresión de la palabra.

Reconozco que fui la "oveja negra" de mi "camada" en la Casa Hogar "*El Buen Pastor*", aun así, la fe de su Directora puesta en mí no descansó, ni aun cuando ya estaba trabajando en el ministerio, ella, mi *Madre Ejemplar*, Polsiton, oraba siempre por mí. Fueron en gran parte sus oraciones que me confortaron en mi trabajo ministerial.

Cuando digo en mi trabajo ministerial es porque, ese mismo día viernes de Semana Santa de 1968, cuando le confesé y pedí perdón a mi Madre espiritual y de crianza, la Señorita Paulsen, en ese instante me pregunto: "Y, ahora, ¿qué piensas hacer? – De inmediato le contesté -, quiero estudiar en el Seminario; me gustaría ser un predicador como el que escuché anoche. Creo que lo dije sin pensar en el arduo trabajo pastoral – aunque es glorioso -.

Sin demora alguna, Polsiton comenzó las investigaciones de los Seminarios o Escuelas Bíblicas. Pronto obtuvo la respuesta y, en el mes de agosto de ese mismo año 1968, viajé hasta la ciudad de Puebla, Puebla, en donde comencé mis estudios ministeriales en el entonces *Instituto y Seminario Bíblico de Puebla*, hoy esta institución se conoce con el nombre de *Seminario Bíblico de Puebla*.

Aquella Mujer de Dios Quien *Era Toda Ella Una Santa*, me despidió aquel día con un fuerte abraso y una conmovedora oración.

Fue en el *Instituto Bíblico de Puebla* que las palabras del proverbista, cuando dijo: "Entonces entenderás justicia, juicio y equidad, y todo buen camino",[164] comenzaron a ser una realidad en mi vida, como dijo el apóstol Pablo: "No que ya lo haya logrado, pero sigo a la meta".[165] Ciertamente no he logrado entender al cien por ciento la justicia divina, el juicio de Dios, y la equidad que es necesaria para una vida bien equilibrada. Lo que sí he llegado a entender es el buen camino por el cual procuro caminar día con día. En ocasiones es un caminar turbulento pero admirable y glorioso porque Jesucristo me acompaña cada día del año.

Así, pues, cada día, hago mías las palabras del apóstol Pablo cuando dijo: "Hermanos, no digo que yo mismo ya lo haya alcanzado; lo que sí hago es olvidarme de lo que queda atrás y esforzarme por alcanzar lo que está delante, para llegar a la meta y ganar el premio celestial que Dios nos llama a recibir por medio de Cristo Jesús".[166] Con este pensamiento y recordando el esfuerzo y amor de Polsiton; la *Madre Ejemplar*: ¡Sigo adelante!

---

[164] Proverbios 2:9, (NVI).

[165] Filipenses 3:14.

[166] Filipenses 3:13-14, (DHHH).

EN LA CASA HOGAR "EL BUEN PASTOR".
De derecha a izquierda: Israel Barajas, Jesús Busio
Rocha, Myrtle May Paulsen y Eleazar Barajas.

Desde aquel día en que me despedí de la que *Era Toda Ella Una Santa* hasta el día en que el Señor Jesucristo se la llevó a descansar, sus oraciones fueron un gran apoyo en mi vida ministerial. Alguien dijo que "el éxito en la vida no se mide por lo que logras, sino por los obstáculos que superas".[167] Muchos de nosotros, los hijos de la Casa Hogar "*El Buen Pastor*" hemos superado grandes obstáculos, gracias a que Una Mujer Llamada Myrtle May Paulsen, quien fue Una MADRE EJEMPLAR estuvo orando por cada uno de nosotros aunque ya no estuviéramos dentro del *Hogar*.

Hoy, sigo adelante siempre recordando que aquella *Madre Ejemplar* que siempre estuvo a mi lado con sus oraciones, y que aun, creo, esperando que esto sea posible; espero que siga suplicando a Jesucristo que ayude a este siervo de Dios que fue un dolor de cabeza para aquella mujer de Dios quien fue...

Toda Ella Una Santa.

---

[167]   La Travelista. *156 frases motivadoras para ALCANZAR el éxito este 2020*. (La Habra, California. Internet. Consultado el 29 de diciembre del 2020), ¿? https://www. google.com/search?q=frases+de+motivacion&rlz=1C1GCEA_enUS764US764&source=

.

TE VOLVERÉ A VER

El que confía en Jehová será exaltado.
Él es escudo a los que en él esperan.
Proverbios 29:25b; 30:5b

No solamente la señorita Elena Santiago era incansable, también lo fue Polsiton. La señorita Myrtle May Pausen, al igual que la señorita Elena Santiago, fue una mujer de fe firme, mujer de un gran corazón, mujer de un carácter fuerte pero también mujer que le gustaba tomar té caliente cada mañana mientras escuchaba los devocionales que la Señorita Elena Santiago compartía con nosotros.

¡Le creía a Dios!

Siempre me llamó la atención ver allí en el comedor a Polsiton que, escuchaba a la Señorita Elena mientras nos compartía la Palabra de Dios. Su atención a las palabras de la Señorita Elena era como si fuera la primera vez que estaba frente a ella; ¡ponía mucha atención a la Palabra de Dios! Mientras que, algunos de nosotros cabeceábamos o nos distraíamos con cualquier cosa, Polsiton, mostraba que, ¡tenía hambre de la Palabra!

Toda su vida estuvo con la Palabra de Dios en sus manos, en su mente y en su corazón, ¿por qué? ¡Porque le creía a Dios! Y ¡Creía en Dios! Por esta razón era mi admiración al ver su atención hacia los devocionales que la Señorita Elena nos compartía cada mañana. Esa imagen de Polsiton en los devocionales matutinos en la Casa Hogar *"El Buen Pastor"* es una imagen que la he llevado en mi mente por el resto de mi vida ministerial. Me enseñó que una de las cosas más importantes en la vida es tener una comunión con Dios cada día, y en especial, en las mañanas; ¡Una comunión con Dios y su Palabra, fue gran parte de su sostén ministerial!

Así y mucho más – digo *mucho más* porque no tengo palabras para describir su grandeza física, emocional, psicológica y sobre todo la parte espiritual – porque aquella hija de Dios quien *Era Toda Ella Una Santa*, era una mujer indescriptible aunque muy accesible. Fue una mujer que estaba en actividad desde antes del amanecer hasta altas horas de la noche sin tomar tan sólo unos minutitos para descansar. Su descanso físico y emocional llegaron hasta que Dios la llamó a su reino Celestial el día 13 de diciembre de 1998, mientras se encontraba en su tierra natal; Nueva Zelandia. Dios le permitió vivir en esta tierra casi los noventa y seis años; gran parte de ellos dedicados al Reino de Jesucristo. Es decir que dedicó casi setenta años de su vida en el ministerio de *Madre Ejemplar*.

"Myrtle falleció, tenía 95 años, en Diciembre 13, de 1998 en Henderson, Auckland y fue enterrada en el Cementerio Helensville".[168]

Nuevamente juntas

Así pues, aquella mujer de Dios, aquella quien *Era Toda Ella Una Santa*, ahora está en Gloria: Está descansando en los tiernos brazos de su Señor, de su Salvador, el Señor Jesucristo, el mismo que la ayudó y la consoló en el arduo trabajo que le dimos en la Casa Hogar "*El Buen Pastor*", además, está nuevamente al lado de su compañera de misión durante los casi setenta años de ministerio entre la niñez mexicana: la

[168] Max S. Liddle. The Paulsens. Trd. Elizabeth Barajas. (Material escrito en New Zealand. No editado. 2017. Enviado por Internet el 24 de Enero de 2019 por Lawrence Paulsen), 79

señorita Elena Santiago López. Allá, en aquella dimensión gloriosa, seguramente que, Polsiton, sigue escuchando los consejos bíblicos dados por la señorita Elena. Tal vez lo haga con mucho interés, como lo hacía en el *Hogar*, cuando escucha que la señorita Elena le cuenta o le pregunta a Jesucristo lo relacionado con la Palabra de Dios y el ministerio de la Casa Hogar *"El Buen Pastor"*.

Por si eso fuera poco, Polsiton, también está rodeada de la majestuosa Gloria de Dios y los ángeles quienes la están confortando y felicitando por su hermoso trabajo que realizó entre la niñez mexicana por casi setenta años en la Casa Hogar *"El Buen Pastor"* de las ciudades de Pátzcuaro y Morelia Michoacán, México. (1929-1998) ¿Estarán los ángeles pidiendo que toque el piano para cantar los villancicos navideños? ¿Le estarán aplaudiendo por su trabajo en la huerta? No lo sé. Lo que sí sé es que nada de lo que hagamos para Dios en su Reino queda desapercibido para Él. La Biblia dice: "Por lo tanto, mis amados hermanos, permanezcan fuertes y constantes. Trabajen siempre para el Señor con entusiasmo, porque ustedes saben que nada de lo que hacen para el Señor es inútil".[169] La señorita Paulsen cumplió fielmente con este mandato paulino; ella, como *Madre Ejemplar*, trabajó "siempre para el Señor con entusiasmo". Y, a pesar de las constantes adversidades, Polsinton, apoyada por Dios y por el ministerio de la señorita Elena Santiago, permaneció fuerte y constante en el propósito de su vida: Levantar al más débil e indefenso de los seres humanos, ¡Los niños huérfanos!

Polsiton, Dios te llevo allá; a la Mansión Celestial, porque seguramente, allí también hay niños que necesitan el amor de una verdadera hija de Dios y *Madre Ejemplar* y amorosa, tal y como tú lo fuiste para mí y para cada uno de los que tuvimos la bendición de arroparnos en tu regazo y sentir tus

---

[169]   I Corintios 15:58, (NTV).

tiernos y amorosos brazos rodeando nuestros pequeños cuerpos como protegiéndonos de las circunstancias negativa. ¡Ah, aquellos días! ¡Qué bendición el haber disfrutado de tu amor incondicional!

Una fe real

El teólogo y escritor A. W. Tozer dice que existe la fe nominal, es decir aquella fe "que acepta lo que se ha dicho y puede citar texto tras texto para probarlo".[170] Pero que también existe otra clase de fe, la que Tozer llama: fe real. Esta clase de fe "es la que depende del carácter de Dios. ... La Escritura no dice: 'Abraham creyó el *texto*, y le fue contado por justicia.' Dice: 'Creyó Abraham a Dios'.[171] No fue en qué creyó Abraham, sino a quien le creyó... Abraham le creyó a Dios...".[172]

He comentado que la señorita Paulsen le creía a Dios. Pues bien, lo confirmo nuevamente, pues no me cabe la menor duda de que, la fe de la Señorita Paulsen fue una fe real. Una fe que le creyó a Dios y, con esa fe soportó todas las adversidades que se presentaron durante su labor misional en el estado de Michoacán. Una fe real que la hizo ser merecedora de llegar a ser una *Madre Ejemplar* hasta el último día de vida terrenal. Las palabras del proverbista en este caso de la vida y ministerio de la señorita Paulsen, son muy acertadas. Él dijo: "El que confía en Jehová será exaltado. Él es escudo a los que

[170] A. W. Tozer. *Los atributos de Dios: Volumen uno: Un viaje hacia el corazón del Padre*. Trd. María Mercedes Pérez, María del C. Fabbri Rojas y María Bettina López. (Estados Unidos de América. Casa Creación.2013), 18.

[171] Romanos 4:3, (RV60).

[172] A. W. Tozer. *Los atributos de Dios: Volumen uno: Un viaje hacia el corazón del Padre*. Trd. María Mercedes Pérez, María del C. Fabbri Rojas y María Bettina López. (Estados Unidos de América. Casa Creación.2013), 18.

en él esperan".[173] Creo que está muy claro: Polsiton, como toda
una *Madre Ejemplar* merece – aunque nunca lo pidió - ser
exaltada porque siempre confió en el Señor. Dios siempre fue
su escudo.[174]

Dios le hizo esta promesa a Abraham: "Multiplicaré tu
descendencia como el polvo de la tierra. Si alguien puede
contar el polvo de la tierra, también podrá contar tus
descendientes".[175] ¿Una descendencia "como el polvo de la
tierra"? ¡Sí, "como el polvo de la tierra"! Poco tiempo después
le repite la promesa pero ahora le agrega las estrellas del cielo.
La Biblia dice: "... de cierto te bendeciré, y multiplicaré tu
descendencia como las estrellas del cielo y como la arena
que está a la orilla del mar;...".[176] ¿Y quién puede contar
el polvo de la tierra? ¿Quién puede contar las estrellas? Es
decir que, Dios le prometió al patriarca Abraham una gran
descendencia. ¡Y se la cumplió![177] Los que salieron de Egipto
fueron: "...seiscientos tres mil quinientos cincuenta",[178] sin
contar los menores de edad, las mujeres y la tribu de Leví.
¡Israel era un gran pueblo! El Dios de promesas sabe cómo y
cuándo cumplir Su Palabra.

Pues bien, la descendencia de las señoritas Elena Santiago
López y Myrtle May Paulsen ¡ya es muy grande! ¡Y sigue
creciendo! Dios sigue honrando a estas dos *Madres Ejemplares*
por medio de la descendencia que existe y sigue aumentando
en la Familia de la Casa Hogar *"El Buen Pastor"*. ¡Es honra a
los que le honran!

[173]   Proverbios 29:25b; 30:5b, (RV 60).

[174]   Proverbios 29:25b; 30:5b, (RV60).

[175]   Génesis 13:16, (NVI).

[176]   Genesis 22:17, (RV1960).

[177]   Deuteronomio 28:62.

[178]   Números 1:46, (RV, 10960).

El cuerpo de la señorita Myrtle May Paulsen descansa en esta tumba al lado del cuerpo de su hermano Paul Paulsen en Henderson, Auckland, Nueva Zelanda. Fue sepultada en el Cementerio Helensville. **NOTA**: Casualidad o plan de Dios. La señorita Elena Santiago López murió el día 13 de diciembre de 1994 a los 91 años de edad. La señorita Myrtle May Paulsen murió el 13 de diciembre de 1998 a los 95 años de edad.

Hoy, como he dicho anteriormente, la señorita Paulsen se encuentra una vez más con su compañera de Misión, la también igualmente *Madre Ejemplar* a quien con mucho cariño y respeto le decíamos *"La Sunta"*. Ambas siervas de Dios están adorando a Su Señor en las Mansiones Celestiales. ¡Gloria a Dios por estas *Madres Ejemplares*!

¡Imposible de olvidar!

Cambio un poco el tono y digo: Polsiton, nos dejaste un gran legado; nos dejaste una gran lección maternal y espiritual; nos dejaste un gran ejemplo a seguir y, sobretodo, Polsiton, nos dejaste un amor incomprensible. Personalmente nunca me he olvidado de tu gran labor en la formación de mi persona y, creo que nadie de los hijos de la Casa Hogar *"El Buen Pastor"* se haya olvidado de tu pasión por la niñez mexicana, nadie, creo yo, de tus hijos, se ha olvidado de tu amor que mostraste a cada uno de nosotros como una verdadera *Madre Ejemplar*.

Polsinton, ¡hiciste algo sumamente maravilloso entre nosotros! Por todo esto y mucho más, Polsiton, mi gran esperanza es,…

¡Estar a tu lado nuevamente!

Era Una Santa

Renunciando a Padre, Madre y demás familiares,
Con la fuerza como de búfalo a México llegaste.
No trajiste como escolta a militares;
Sino que por una visión como de águila te guiaste.

Polsiton, al llamado de Dios estabas atenta,
Porque. . . Toda Tú, eras una Santa.
En Pátzcuaro, primeramente anidaste,
Allí tu visión te dejó de planta.
Mujer de hermoso semblante,
Entre frías paredes nació tu primera camada.
Polsiton, eras mujer de intachable conducta,
Porque. . . Toda Tú, eras una Santa.

Tus ojos de color azul celeste,
El dolor del niño no soportaba ver.
Corrías por todas partes y también al Este,
Al corazón de Dios deseabas conmover.
Polsiton, en Dios te pusiste bajo su estrado.
Porque. . . Toda Tú, eras una Santa.
Morelia, capital del estado,
Testigua es de tu trabajo animado.
Allí aumentó tu legado,
Y tu gran amor no fue defraudado.
Hoy de Morelia, a México y en todos lados;
Polsiton, tu hermosa labor se canta,
Porque. . . Toda Tú, eras una Santa.

Un canto a Polsíton

"El Señor le había dicho a Abram: 'Deja tu patria y a tus parientes y a la familia de tu padre, y vete a la tierra que yo te mostraré. Haré de ti una gran nación; te bendeciré y te haré famoso, y serás una bendición para otros'."

Génesis 12:1-2, (NTV).

En páginas anteriores se ha hecho una explicación del llamamiento y promesa que Dios le hizo al Patriarca Abraham. No lo repetiré. Lo que quiero es que notemos la similitud de la promesa hecha a Abraham con el llamado y promesa de Dios, no escrita, que el Señor le hizo a la señorita Myrtle May Paulsen. De una manera un poco repetitiva pero, haciendo un estilo de Canto en honor de la *Madre Ejemplar* en la Casa Hogar "El Buen Pastor", digo:

El periodista Luis Felipe Brice, en su artículo "Guerras implacables", dice que: "Entre los mejores espectáculos celestes destacan las auroras boreales, que suelen verse en el polo norte entre septiembre y marzo de cada año".[179] La ciencia tiene sus explicaciones a este fenómeno natural, pero también la mitología nórdica las tiene. Según esta mitología, "se trata de la 'extraña luz' que proyecta el brillante armamento de las valkirias, guerreras al servicio de Odín que, como dios principal, era deidad lo mismo de la sabiduría y la magia que de la guerra, la victoria y la muerte".[180]

---

[179] Luís Felipe Brice. *Guerreras implacables*. Revista Muy Interesante. La revista mensual para saber más de todo. Sección: Mitos y leyendas. (México. Televisa Publishing International. Junio de 2018. No. 06), 26. Muyinteresante.com.mx

[180] Luís Felipe Brice. *Guerreras implacables*. Revista Muy Interesante. La revista

La señorita Myrtle May Paulsen no fue una guerra del dios Odín aunque sí una Guerrera del Dios de la Biblia: ¡Fue toda una Guerrera del Todopoderoso Dios! Es decir, del *Shadday*[181] que se le apareció al Patriarca Abraham para conformarle su presencia continua y para asegurarle la promesa de su descendencia.[182] Por eso es que, la luz extraña que emanaba de su presencia era, no solamente vista sino también palpable para todos aquellos y aquellas niños, niñas, jóvenes, señoritas, señoras y señores que fuimos testigos oculares del hermoso ministerio de esta guerrera, no Odín, sino de un Dios mucho más sabio, misericordioso y sumamente poderoso tanto en la vida como en la muerte, pues, mientras la señorita Paulsen atendía los diferentes roles de la Casa Hogar el *"Buen Pastor"* en la ciudad de Pátzcuaro, Michoacán y en esta ciudad de Morelia, el sabio y poderoso Dios, el Dios que el salmista llama: "Nuestro amparo y fortaleza, nuestro pronto auxilio en las tribulaciones"[183] la apoyó en la visión que él le dio; ella confió al cien por ciento en este Dios. Él le dio victorias tras victorias; paz en abundancia en medio de las tormentas; amor incondicional, pues, aunque yo me considero uno de sus favoritos, La señorita Myrtle May Paulsen, ¡amó a todos por igual y de una manera incondicional!

El apóstol Pablo dice que, "la esperanza no avergüenza; porque el amor de Dios ha sido derramado en nuestros corazones

---

mensual para saber más de todo. Sección: Mitos y leyendas. (México. Televisa Publishing International. Junio de 2018. No. 06), 26. Muyinteresante.com.mx

[181] Wikipedia, la enciclopedia libre. *El Shadday.* Shaddai (idioma hebreo: ‫ידש לא‬) es uno de los nombres que se usan para designar a Dios en la tradición judeocristiana. Generalmente se traduce como "Dios todopoderoso". Según Éxodo 6:2,3, "Shaddai" es un pronombre con el que Dios se dio a conocer a Abraham, Isaac y Jacob y se identifica con YAHWEH. El nombre "Shaddai" (en hebreo: ‫ידש‬) se usa como un título de Dios más adelante.

[182] Éxodo 17:1.

[183] Salmo 46:1, RV60.

por el Espíritu Santo que nos fue dado".[184] Esta fue una realidad muy palpable en la vida de la señorita Paulsen, la "esperanza" de ver a cada uno de los que formamos la Familia de la Casa Hogar el *"Buen Pastor"*, fue que, llegásemos a ser hombres y mujeres que hiciéramos la diferencia en el sitio que Dios nos ha permitido vivir. El día que nos reunimos para celebrar el *90 Aniversario* de la Casa Hogar *"El Buen Pastor"*, estuvimos recordando a nuestra Amorosa *Madre Ejemplar*. Ese día, una vez más, fuimos testigos que la esperanza en Dios y en cada uno de nosotros que la señorita Paulsen tenía,… ¡No la avergonzó! Más bien la exaltó al ver a un gran número de sus hijos e hijas recordando aquel amor incondicional de aquella abnegada *Madre Ejemplar*.

Aquel lugar, en el que estuvimos parados, fue una prueba más de que la esperanza que la Guerrera de Dios tenía, ¡no la avergonzó! Polsiton, lo repito, le creía a Dios, pero también creía firmemente en las palabras de la Biblia. Mientras estuvo con nosotros nos mostró que para ella, la "Biblia entera; era un libro hermoso y brillante. Para ella era hermoso, sea que estuviese encuadernado con el papel más económico o con el cuero más costoso; sea impreso en papel de prensa o en el más delicado papel…, para Polsiton, ¡era un hermoso libro!"[185] Lamentable es que muchos de sus amados hijos han puesto este "hermoso libro" en un lugar escondido o, sencillamente, ni lo tienen a la mano.

Me pregunto, ¿cuál fue el meollo de tan fiel esperanza? El apóstol Pablo, me da la respuesta al decir que: "… el amor de Dios ha sido derramado en nuestros corazones por el Espíritu Santo que nos fue dado". Aquí está la clave del por qué la señorita Paulsen tenía un amor incondicional. Dios derramó su amor

---

[184]   Romanos 5:5, RV, 1960.

[185]   A. W. Tozer. *Los atributos de Dios: Un viaje hacia el corazón del Padre*. Trds. María Mercedes Pérez, María del C. Fabbri Rojas y María Bettina López. Estados Unidos. Editado por Casa Creación. 2003), 173.

sobre ella; la empapó del amor divino, del amor incondicional.
Un amor que la hizo dejar su país natal, Nueva Zelandia,
allá, en el viejo Continente, para tráela al nuevo Continente
y establecerla en las ciudades de Pátzcuaro y Morelia en este
hermoso estado de Michoacán en donde ella, derramó ese amor
divino sobre cada uno de nosotros, pues, ella, por amor a Dios,
se entregó sin reservas a la niñez mexicana.
La amplia Historia Eclesiástica cuenta acerca de un
predicador británico de nombre E. W. Robertson. En tan solo
seis años como pastor en la Capilla de la Trinidad en la ciudad
de Brighton, Inglaterra (*Trinity Chapel of Brighton*): "Dejó
una marca 'profunda y permanente' en la vida espiritual de
sus compatriotas".[186] La señorita Myrtle May Paulsen, en su
larga trayectoria por las ciudades de Pátzcuaro y Morelia,
además de dejar una "marca profunda y permanente" en la
vida de cada uno de nosotros y en los que estuvieron ausentes
el día que celebramos el *90 Aniversario*, también dejó un
legado de cómo es amar y servir incondicionalmente a Dios
en tierra extraña.

Aunque los ángeles y Jesucristo allá en el cielo están súper
contentos de tener entre ellos a una Súper *Madre Ejemplar*
llamada Myrtle May Paulsen, nosotros, la tenemos en nuestras
mentes y corazones y, por eso, creemos que, hoy, se merece un
fuerte aplauso.

Sus manos, un poco encallecidas por el trajo que realizaba
en el jardín, parece que aun toca nuestras cabezas y hombros
para darnos sus ligeros y saludables masajes. Sus ojos, con aquel
color atrayente, parece que todavía nos mira transmitiéndonos
con esa mirada una esperanza bienhechora y un amor a todas
luces. Su corazón, ¡sí, su corazón! Aun no deja de palpitar
en nuestras vidas cotidianas, ella, nuestra Amorosa Madre;
Nuestra *Madre Ejemplar* sigue viva en nuestras mentes, en

186   John R. W. Stott. *La predicación puente entre dos mundos.* (Gran Rapids, Michigan. Impreso en Colombia. Libros Desafío. 2000), 141.

nuestros corazones, en nuestras esperanzas, ¡su historia es parte de nuestra historia!

Polsiton, como nosotros le decíamos de cariño, fue una de aquellas madres, que, sin haber tenido un hijo o hija biológica, fue y es una *Madre Ejemplar* de Generaciones no solo en México sino también en otros países como Estados Unidos, Canadá y por supuesto que también en Centro y sur América.

Gracias por su atención y que Dios nos bendiga en este recordatorio por medio de estas páginas de quien fue una *Madre Ejemplar.*

En los futuros días en donde el Señor Jesucristo y la presencia del Espíritu Santo nos permitan continuar nuestra historia, sigamos recordando, siempre, la historia de Polsiton y su hermoso e inconfundible legado; un legado digno de seguir.

Crystal Lewis y otros artistas, como Danny Berrios y Julissa, entonan una hermosa canción o himno que se titula: A Dios sea la gloria. Parte de la letra dice:

A Dios sea la gloria, a Dios sea la Gloria, a Dios sea la gloria
Por lo que hizo en mí, con su sangre me ha lavado con su poder
Me ha levantado a Dios sea la gloria por lo que él hizo en mí.
Como eh de expresar lo que Dios por mi ah echo
Que sin merecer dio su sangre carmesí ni las
Voces de un millón de ángeles no expresara mi gratitud,
Todo lo que soy y lo que anhelo ser lo debo todo a él

A Dios sea la gloria, a Dios sea la Gloria, a Dios sea la gloria
Por lo que hizo en mí, con su sangre me ha lavado con su poder

Me ha levantado a Dios sea la gloria por lo que él hizo en mí.[187]

¡Sí!, ¡A Dios sea la gloria! Al Señor Jesucristo sean dadas las gracias y al Espíritu Santo la inmensa gratitud porque ambos en UNO nos dieron el privilegio de tener una *Madre Ejemplar* a la que de cariño y respeto le llamábamos Polsiton.

Eleazar Barajas

---

[187]   Julissa. A Dios sea la gloria. (La Habra, California. Internet. Consultado el 29 de diciembre del 2020), ¿? https://www.google.com/search?rlz=1C1GCEA_enUS764US764&q=a+dios+sea+la+gloria+letra+julissa&sa=X&ved=2ahUKEwjo5MG2qPTtAhWE2FkKHbeHBGkQ1QIoAXoECBIQAg&biw=1417&bih=909

DOS MUESTRAS DEL LEGADO DE LA SEÑORITA M. M. PAULSEN

"Acuérdense de sus dirigentes, que les comunicaron la palabra de Dios. Consideren cuál fue el resultado de su estilo de vida, e imiten su fe."
Hebreos 13:7, (NVI).

George Müller

Max S. Liddle dice que: "De muchas formas la historia de Myrtle se asemeja a su contemporánea Gladys Aylward quien nació en Inglaterra un año después que Myrtle May Paulsen. La vida de Gladys fue representada con mucha fama en el libro, *The Little Woman* y en la película de Ingrid Bergman del mismo nombre. Cada una de ellas tenía la pasión por las misiones las cuales superaron los más difíciles retos. Cada una de ellas vivió una vida de servicio a Dios sin ni siquiera tener una forma formal de ayuda financiera, nunca pidieron fondos económicos, siempre se guiaron por sus principios de fe.

Fueron mujeres motivadas por los gigantes de los siglos pasados como George Müller,[188] Hudson Taylor[189] y el favorito de Myrtle May Paulsen, C.T. Studd".[190] De este último ya he comentado en páginas anteriores.

Con un legado tan palpable de la Señorita Myrtle May Paulsen es casi imposible que los que la conocimos no tengamos palabras, fotografías, escritos, comentarios o cualquier otro objeto que nos hace volver al pasado y recordar a aquella mujer de Dios quien Era Toda Ella Una Santa; aquella mujer que llegó a ser una *Madre Ejemplar* en la Casa Hogar *"El Buen Pastor"* en las ciudades de Pátzcuaro y Morelia en el estado de Michoacán.

Jaime López Rivera, es uno de los que conociendo el legado de la Señorita Paulsen, cuando ella cumplió ochenta y seis años de edad, Jaime, le escribió esta carta que tituló: Polsito. (*Nosotros le decíamos Polsiton*).

---

[188]   Wikipedia, la enciclopedia libre. *George Müller.* Nació en Kroppenstedt, distrito de Halberstadt, Prusia, el 27 de septiembre de 1805. Murió en Bristol, el día 10 de marzo de 1898, (92 años). Fue un predicador y misionero bautista de nacionalidad inglés nacido en Prusia, destacado por su fe en la providencia de Dios y por su obra en favor de los niños desamparados a través de hogares que les servían como albergues, donde los mismos recibían buena educación, vestido y alimentación. Estudio en las universidades de Halle y Wittenberg. (La Habra, California. Internet. Consultado el 31 de diciembre del 2020), ¿? https://es.wikipedia.org/wiki/George_M%C3%BCller

[189]   Wikipedia, la enciclopedia libre. *James Hudson Taylor.* En chino, 戴德生). Nació el 21 de mayo de 1832 en Barnsley, Yorkshire, Inglaterra. Murió el 3 de junio de 1905 en Changsha, Hunan, China. Fue un misionero bautista protestante inglés en China y fundador de la Misión al Interior de China, MIC (*China Inland Mission*) conocido ahora como OMF Internacional. Taylor trabajo 51 años en China. La entidad que fundó ha llevado a más de 800 misioneros a trabajar en China, que a su vez fundaron más de 125 escuelas, dando como resultado la conversión de 18.000 personas al cristianismo. También, han establecido 300 bases en las dieciocho provincias chinas con más de 500 trabajadores locales. Taylor era conocido por su respeto de la cultura china y su celo para la evangelización. (La Habra, California. Internet. Consultado el 31 de diciembre del 2020), ¿? https://es.wikipedia.org/wiki/Hudson_Taylor_(misionero)

[190]   Max Serwin Liddle. *The Paulsens.* Trd. Elizabeth Barajas. (Material escrito en New Zealand. No editado. 2017. Enviado por Internet el 24 de Enero de 2019 por Lawrence Paulsen), 78-79.

En 1933 (fue en 1929), una hermosa joven neozelandesa llegó a nuestro país. En el azul infinito de sus ojos, traía dos pedasitos del cielo de su patria, para dejarlos prendidos en otro azul infinito: el cielo de México. Su objetivo era cuidar niños expósitos. Tras visitar las ciudades de México y Pátzcuaro, se estableció, finalmente, en una Colonia de Morelia que, por feliz coincidencia, lleva el nombre de otro gran benefactor: Don Vasco de Quiroga.

Su matriz nunca dio a luz un hijo, pero ella sí dio a luz a cientos de niños nacidos de otras matrices. Sus niños no podían pronunciar su nombre (mismo que calló, por respecto a lo pactado) y la llamaban "Polsito".

He visto como los niños más pequeños se levantan sobre la punta de sus pies y con sus dedos morenos hurgan en el bolsillo de Polsito en busca de un caramelo, como lo hicimos todos en nuestra niñez; y pude observar, cierta mañana, que Polsito le dijo a un pequeño que se había portado mal: "Como castigo, esta mañana no me hablaras". Y el pequeño, angustiado, le imploraba: "No polsito, no, por favor".

Cuando Polsito tiene que ir a su país, vencida por su amor de madre, regresa lo más pronto que puede. No sabe si alguno de sus niños ha enfermado, o simplemente, están en espera de sus caricias.

Nunca ha pedido ayuda. Vive y cuida a sus niños con aportaciones de filántropos neozelandeses, norteamericanos y mexicanos.

Todos conocemos mujeres que han abandonado las comodidades de su hogar y de su patria para ir a los más apartados lugares del mundo con su cargamento de amor y de auxilio, pero Polsito, además, ha realizado su obra como manda la Biblia, cubriéndola con el ribete más hermoso que se pueda ofrecer: el silencio.

Polsito: Bien aventurada mujer, que, a tus 86 años, sigues prodigando amor a niños que nacieron en otros confines del mundo: tu vida no ha sido tema para películas ni novelas de traspatio, ni los morelianos te han visto en las cámaras de televisión; pero tú no las necesitas, porque tu obra es conocida solo por quien debe conocerla.

Espero encuentres en estas palabras el amor de tus hijos, la gratitud de los mexicanos. Y la alabanza de quienes creemos amar a la humanidad, deseando, como tú, hacer el bien por el bien mismo.

Morelia, Mich., febrero de 1989.

Esta carta está firmada por Jaime López Rivera. Agrega un comentario en paréntesis que dice: (El verdadero nombre de Polsito fue Myrtle May Paulsen).

Otro ejemplo del legado de la Señorita Paulsen es un parque que se ha hecho o dedicado a la memoria de Myrtle May Paulsen. Antes de la última salida de México con rumbo a New Zealand, "a Myrtle le preguntaron las Autoridades civiles en la ciudad de Morelia que les hiciera el honor de acompañarlos a la apertura del nuevo parque con instalaciones para niños. Imaginen su sorpresa cuando en la apertura ella descubre que el parque había sido nombrado en su honor por las décadas de cuidado y amor hacia los niños Mexicanos. Es llamado "Polsiton Park" ('*Parque Polsiton*')".[191] ¡Porque sí se puede!

La Señorita Paulsen no tuvo tiempo de disfrutar el parque dedicado a su ardua labor entre la niñez mexicana porque, Dios la llamó a descansar a la Patria Celestial poco tiempo después de que el parque fue inaugurado.

Pero allí está el parque. Un sitio fuera de las instalaciones de la Casa Hogar "*El Buen Pastor*" que recuerda y hace constar que "el trabajo en el Señor no es en vano".[192]

Cuando el apóstol Pablo estaba por terminar de escribir la Primera Carta a los Corintios y, después de darles una esperanza con un hermoso estudio sobre la resurrección de los muertos en Cristo Jesús, les dijo: "Por lo tanto, mis queridos hermanos, manténganse firmes e inconmovibles, progresando siempre en la obra del Señor, conscientes de que su trabajo en el Señor no es en vano".[193] La Señorita Paulsen, se mantuvo "firme' en su llamado para servir a la niñez mexicana. Se mantuvo en un progreso espiritual y maternal y por ello, es digna de tener un parque que hace honor a su hermoso legado como Madre Ejemplar.

El autor de la Carta a los Hebreos dijo que debemos acordarnos de nuestros dirigente, de aquellos que nos "comunicaron la palabra de Dios" y que, debemos imitar su fe.[194] "Leslie Weatherhead cuenta en alguna parte la historia de un chico en edad escolar que decidió hacerse pastor. Le preguntaron cuando lo había decidido, y dijo que cuando oyó un sermón en la capilla del colegio. Le preguntaron cómo se llamaba el predicador, y dijo que no se acordaba. Lo único que sabía era que le había presentado a Jesús.

[191] Max Serwin Liddle. *The Paulsens.* Trd. Elizabeth Barajas. (Material escrito en New Zealand. No editado. 2017. Enviado por Internet el 24 de Enero de 2019 por Lawrence Paulsen), 79.

[192] I Corintios 15:58.

[193] I Corintios 15:58, (NVI).

[194] Hebreos 13:7.

Un verdadero predicador se las arregla para que le olviden a él pero que no puedan olvidar al Cristo que les ha predicado".[195] Como dijo Jaime López Rivera: "Polsito,… tu vida no ha sido tema para películas ni novelas de traspatio, ni los morelianos te han visto en las cámaras de televisión; pero tú no las necesitas, porque tu obra es conocida solo por quien debe conocerla".[196] ¿Y quien conoció la vida y ministerio de la señorita Paulsen? ¡Nosotros! ¡Sí, nosotros que experimentamos de primera mano el amor incondicional de nuestra *Madre Ejemplar*!

Nosotros, pues, con estos dos ejemplos y muchos más que están en nuestras memorias, honramos el legado de la Señorita Myrtle May Paulsen. La fe que ella tuvo en Dios, es otro aspecto que debemos poner en práctica.

Vista del parque que la ciudad de Morelia, Michoacán ha dedicado a la memoria de Myrtle May Paulsen.

[195]   William Barclay. *Comentario al Nuevo Testamento. Volumen 13: HEBREOS*. Td. Alberto Araujo. (Terrassa (Barcelona), España. Editorial CLIE. 1970), 216.

[196]   Jaime López Rivera. *Polsito: Carta a la señorita Myrtle May Paulsen*. Febrero de 1989.

Parte del interior del Parque en memoria de la Señorita

Myrtle May Paulsen

De mi parte, como hijo de la Casa Hogar *"El Buen Pastor"*, estoy infinitamente agradecido con las autoridades de la ciudad de Morelia, Michoacán. Les agradezco su valiosa colaboración de reconocimiento a la labor infantil de la Señorita Myrtle May Paulsen. Gracias al señor expresidente de la ciudad Lic. Alfonso Martínez Alcázar (2015-2018), al actual, Lic. Raúl Morón Orozco Morena (2018-2021), y a la Comisión de Parques y Jardines de la Ciudad, por este merecido memorial a la *Madre Ejemplar* de la Casa Hogar *"El Buen Pastor*: Myrtle May Paulsen.

CONCLUSIÓN

"Hijo mío, no te olvides de mi ley, Y tu corazón guarde mis mandamientos; Porque largura de días y años de vida y paz te aumentarán, Nunca se aparten de ti la misericordia y la verdad; Átalas a tu cuello, Escríbelas en la tabla de tu corazón; Y hallarás gracia y buena opinión Ante los ojos de Dios y de los hombres. Fíate de Jehová de todo tu corazón, Y no te apoyes en tu propia prudencia. Reconócelo en todos tus caminos, Y él enderezará tus veredas. No sea sabio en tu propia opinión; Teme a Jehová, y apártate del mal; Porque será medicina para tu cuerpo, Y refrigerio para tus huesos. Honra a Jehová con tus bienes, Y con las primicias de todos tus frutos; Y serán llenos tus graneros con abundancia, Y tus lagares rebosarán de mosto."

Proverbios 3:1-10

Estoy seguro que cada uno de los hijos de la Casa Hogar *"El Buen Pastor"*; los hijos de las señoritas M. M. Paulsen y Elena Santiago, escuchamos más de una vez la lectura de Proverbios 3:1-10 en las instalaciones de la Institución y, seguramente estarán de acuerdo conmigo, y, sino, no importa, pero para los que sí nos importa, los consejos del proverbista eran una realidad para nuestras *Madres Ejemplares.* Tan reales eran que, día con día, mañana tras mañana y noche con noche nos retaban, enseñaban y exhortaban a oír la ley de Dios; Nos retaban a no olvidar los consejos de la ley de Dios. Tú, y yo, como hijos de la Casa Hogar, te recordarás que en cada acción, palabra y consejo de parte de nuestras *Madres Ejemplares,* las palabras del proverbista: "Nunca se aparten de ti la misericordia y la verdad",[197] resonaban en todo nuestro ser.

Entonces, ¿por qué algunos las hemos olvidado? ¿Por qué algunos de nosotros no procedemos con misericordia con los hermanitos de la Casa Hogar? ¿Por qué algunos no andamos en la verdad de Dios que aprendimos por boca y acción de nuestras *Madres Ejemplares* en la Casa Hogar?

¡Ah! ¡Cómo recuerdo que a coro, de pie o sentados, repetíamos, bajo la dirección de *la Sunta*: "Fíate de Jehová de todo tu corazón y no te apoyes en tu propia prudencia"!![198] ¡Y lo creíamos! Nuestras mentes sanas aceptaban esta verdad como la única verdad. ¿Dónde ha quedado esta verdad en algunos de nosotros?

Hermano(a), sí, tú, mi hermano o mi hermana de la Casa Hogar *"El Buen Pastor",* ¿dónde está esa inocencia de niño para confiar en Dios de todo corazón? Posiblemente tú, mi hermano(a), me dirás: "¡Caramba, Eleazar, ya crecimos!" Por supuesto que ya crecimos. Nuestro crecimiento físico comenzó bajo y con el cuidado amoroso de las señoritas Paulsen y Elena, ¿lo recuerdas? Pero también nuestro crecimiento espiritual fue bajo su tutela.

Es por eso que me duele oír y ver que algunos de mis hermanos y hermanas ya "creciditos" físicamente siguen inmaduros espiritualmente; siguen siendo niños en las cosas que aprendimos en el Hogar. Pero que sintiéndose hombres y mujeres creen que no hay la necesidad de volver al consejo maternal, y así, se han vuelto imprudentes; "sabios en su propia opinión".[199] ¿Qué pasó con las palabras del proverbista? Hermanos y hermanas de la Casa Hogar, notemos lo que dice

---

197   Proverbios 3:3
198   Proverbios 3:5
199   Proverbios 3:7

la Escritura: "Este es el pacto – "pacto" que escuchamos cada mañana de la boca de la señorita Elena Santiago - que...haré con la casa de Israel — dice el Señor —: Pondré mis leyes en su mente y las escribiré en su corazón. Yo seré su Dios, y ellos serán mi pueblo".[200] Es decir que, no solamente somos la Familia de la Casa Hogar *"El Buen Pastor"* sino que también, ¡somos la Familia de Dios!

¿Y qué decir de Proverbios 3:6? ¿Qué de estas palabras: "Reconócelo en todos tus caminos, y él allanará tus sendas"?[201] Que algunos hijos de la Casa Hogar están en problemas personales y familiares, así como también espirituales y morales y, ¡no se diga en lo económico! Esto es muy cierto. ¿Por qué? ¿Será porque se han olvidado de estas palabras del proverbista? Esta es una promesa y las promesas del Señor no son negativas sino positivas, pues: "Todas las promesas que ha hecho Dios son 'sí' en Cristo. Así que por medio de Cristo respondemos 'amén' para la gloria de Dios".[202]

Tú, yo, nosotros, hermano (a), alguna vez te has hecho la siguiente pregunta. ¿Por qué serán estos problemas? Y creo que la respuesta es porque algunos ¡ni siquiera asisten a la iglesia! ¿Cómo creen que Dios enderezará su camino torcido si no vuelven al consejo de nuestras *Madres Ejemplares*? ¿Cómo enderezar el camino torcido sin apropiarnos de los sabios consejos bíblicos y de aquellas que fueron verdaderas *Madres Ejemplares*? Nunca olvidemos el consejo de aquellas que nos decían una y otra vez y todos los días: "Reconoce a Dios en todos tus caminos".

Hermano y hermana, de la Casa Hogar *"El Buen Pastor"*, las señoritas Paulsen y Elena dieron al Señor Jesucristo sus propias vidas para que tú, yo, nosotros, tuviésemos un mejor

---

[200]   Hebreos 8:10, (NVI).

[201]   Proverbios 3:6, (NVI).

[202]   2 Corintios 1:20, (NVI).

porvenir. Se entregaron sin reservas en las manos de Dios y, sin reserva alguna ambas te amaron, me amaron, nos amaron. Te protegieron, me protegieron, nos protegieron. Te educaron, me educaron, nos educaron y te lanzaron, me lanzaron, nos lanzaron a este mundo. Nos lanzaron equipados con las mejores armas; amor, pureza, fuerza de voluntad, dominio propio, fe, misericordia, benignidad, decisión, compasión, visión y, con una base teológica contra la cual no hay ni demonio ni príncipe de los demonios que logre salir victorioso. ¡Tomemos esas armas y usémoslas contra la adversidad!

Pero, entonces, ¿por qué algunos hijos de la Casa Hogar están viviendo en derrota? ¿Por qué están viviendo atrincherados? ¿Por qué algunos están viviendo en tribulación? ¿Por qué no hay alegría y gozo en sus vidas? No es por falta de consejo ni de armas para luchar; no es por falta de equipo para liberarse. Nuestras *Madres Ejemplares* nos las dieron por años. Ellas nos proporcionaron consejos y armas que nos ayudarían en las batallas, cualquiera que estas sean.

Entonces, ¿qué es el problema? – si es que es un problema - Lo que sucede es que como ya crecimos, primero, nos olvidamos de los sabios consejos de nuestras *Madres Ejemplares*, nos olvidamos de la ley de Dios. Nos apartamos de la misericordia y la verdad. No nos fiamos de Dios de todo corazón; es decir, no le creemos a Dios – aunque algunos hablamos de él -. Y, como no le creemos a Dios como nuestras *Madres Ejemplares* le creyeron, entonces, no reconocemos al Señor en todo lo que hacemos y, por supuesto, no queremos apartarnos del mal.

Bueno, y ¿qué puedes tú hacer? ¿Qué puedo yo hacer? ¿Qué podemos hacer? Por lo pronto, podemos hacer estas tres cosas básicas:

Primero: Vuelve al consejo hogareño.

Regresa a aquellas mañanas en la Casa Hogar, toma tu Biblia (si es que tienes una, sino consíguela) y, aunque hoy no está contigo la señorita Elena ni Polsiton para guiarte en la lectura, si está el mismo Espíritu; el Espíritu Santo que estuvo con ellas y contigo, y conmigo, y con nosotros en cada una de aquellas mañanas en el comedor de la Casa Hogar. Aquel Tiempo Devocional te ayudará a que pienses un poco más en los beneficios de haber estado en la Casa Hogar y te dará algo mucho más en que pensar: "Porque la palabra de Dios es viva y eficaz, y más cortante que toda espada de dos filos; y penetra hasta partir el alma y el espíritu, las coyunturas y los tuétanos, y discierne los pensamientos y las intenciones del corazón".[203]

Segundo: Sincérate con Dios.

Si no tuviste la oportunidad de hacerlo delante de la señorita Elena o de Polsiton, como yo lo hice, de cualquier manera hazlo ahora recordando que el Dios de la Casa Hogar es el mismo de ayer y de hoy y lo será por la eternidad.[204] Así que, sé sincero con Dios y confiésale tus pecados cometidos dentro y fuera del plantel maternal, porque: "El que encubre sus pecados no prosperará; Mas el que los confiesa y se aparta alcanzará misericordia".[205]

Tercero: "Honra al Señor con tus bienes".[206]

Si nuestras madres se dieron a Dios y también se dieron a nosotros con todos sus bienes y con todo su ser, ¿por qué tú, yo, nosotros, no somos atrevidos, valientes y honradores de Dios? ¿Por qué si nos dieron, no damos? ¿Por qué si recibimos, no compartimos? Quiero pues, terminar este escrito recordándote, recordándome, recordándonos que es tiempo de que tú, yo, nosotros, volvamos a Dios, de que te apartes, me aparte, nos

[203] Hebreos 4:12. (RV).
[204] Hebreos 13:8
[205] Proverbios 28:13, (RV).
[206] Proverbios 3:9.

apartemos del mal y confieses, confiese, confesemos nuestros pecados.

Pero, también quiero hacerte una invitación a que honremos a Dios con nuestros bienes y que nos propongamos, allá muy dentro de nosotros, a ayudar económicamente a la Casa Hogar "*El Buen Pastor*"; tu hogar, mi hogar, nuestro hogar. ¡Y, que mejor manera de honrar a Dios y a nuestras *Madres Ejemplares*; Elena y Polsiton, que compartiendo nuestros bienes (dineros) con nuestros hermanitos en la Casa Hogar!

Y, finalmente, recordemos esta promesa: "Serán llenos tus graneros con abundancia".[207] Sin caer en la Teología de la Prosperidad, de la cual la Biblia no hace mención, aunque este texto si es una promesa; esto es que tu cuenta de ahorros o cheques, mi cuenta de ahorros o cheques, nuestras cuentas de ahorros o cheques, ¡no disminuirán! Todo lo contrario, "tus lagares rebosarán de mosto". Nunca pues, mendigarás el sustento diario cuando pienses y pongas en práctica estos sencillos, pero acertados consejos que han venido desde el mismo corazón de Dios y de nuestras *Madres Ejemplares*.

Y, recuerda: La Casa Hogar "*El Buen Pastor*" de Morelia, Michoacán, espera tu ayuda, mi ayuda, nuestra ayuda.

¡GRACIAS POR TODO!

---

[207] Proverbios 3:10

Maravillosa muestra de vidas entregadas
al arduo trabajo de la
Casa Hogar *"El Buen Pastor"*.

Madres Ejemplares, disfruten de sus merecidos descansos en la Gloria Celestial con Cristo Jesús.

- **Fotografía tomada en 1988 -**

Casa Hogar
"El Buen Pastor"

"Yo soy el buen pastor; el buen pastor
su vida da por las ovejas."
Juan 10:11

TERCERA SECCIÓN:

Recordatorios Y Agradecimientos

De algunos y algunas de la Familia de la
Casa Hogar "El Buen Pastor".

HOGAR DE MIS RECUERDOS

Hogar de mis recuerdos, a tí volver anhelo;
no hay sitio bajo el cielo más dulce que el hogar.
Posara yo en palacios, corriendo el mundo entero,
a todos yo prefiero mi hogar, mi dulce hogar.

CORO:
¡Mi hogar, mi hogar,
mi dulce hogar!
no hay sitio bajo el cielo
más dulce que el hogar.

¡Allí la luz del cielo desciende más serena,
de mil delicias llena la dicha del hogar!
allí las horas corren más breves y gozosas,
allí todas las cosas recuerdan sin cesar,

Más quiero que placeres, gozar en tierra extraña,
volver a la cabaña de mi tranquilo hogar.
Allí mis pajarillos me alegran con sus cantos;
allí con mil encantos, está la luz de paz.[208]

Este Himno: *"Hogar de mis Recuerdos"*, por justas razones sentimentales, se ha convertido en el *Himno Lema* de los que vivimos por algún tiempo – Meses o años – en la Casa Hogar *"El Buen Pastor"*.

---

[208] Himnario de Suprema Alabanza. *Hogar de mis recuerdos* (Esperanza). (La Habra, California. Internet. Consultado el 17 de diciembre del 2020), ¿? https://www.cancioneros.com/letras/cancion/2063979/hogar-de-mis-recuerdos-esperanza-himnario-de-suprema-alabanza

RECORDANDO EL AYER CON GRATITUD

"Al llegar a Jerusalén, fueron muy bien recibidos tanto por la iglesia como por los apóstoles y los ancianos, a quienes informaron de todo lo que Dios había hecho por medio de ellos."
Hechos 15:4, (NVI).

P ues bien, aunque no te conozco y no te he mencionado en estas páginas, ¡tú también eres parte de la Familia del "*Hogar*"! Espero que en otro escrito, tu fotografía y comentario de belleza, gloria, honor y honra a las personas que nos forjaron como hombres y mujeres de bien, otras personas las puedan conocer y leer por medio de tus comentarios.

Al mismo tiempo, muchas gracias por los "hermanos y las "hermanas" de esta hermosa Institución que la conocemos como "*El Hogar*", Familia que me ayudó de una o de otra manera a la formación de este libro con sus aportes fotográficos y literarios.

Cuando el apóstol Pablo y el incansable y fiel creyente en Cristo Jesús; Bernabé, regresaron de su primer viaje misionero a la ciudad de Jerusalén, fueron muy bien recibidos tanto por la *Iglesia Primitiva* como por los apóstoles y los ancianos que aguantaron la persecución en la misma capital judía: Es decir, Jerusalén. A ellos, Pablo y Bernabé les informaron de todo lo que Dios había hecho por medio de ellos en su Primer Viaje Misionero por las regiones del Asia Menor. Los y las protagonistas de estas páginas no regresaron de un viaje misionero sino que, en sus mentes y corazones regresaron a los días, meses y años vividos en la Casa Hogar *"El Buen Pastor"*. Sus experiencias en el *"Hogar"* al lado del Doctor

Alfred Benjamín De Roos (1920 – 1930), de los Misioneros John Thomas y su esposa Nancy (1930 – 1934), de las señoritas Elena Santiago (1935 – 1994), y Myrtle May Paulsen (1933 – 1993), esas vivencias con ellos, las cuentan en muy pocas palabras pero, con profundo agradecimiento.

El filósofo ateniense, Platón, que vivió entre los años 427 y 347 (80 años), y que "fue un filósofo griego seguidor de Sócrates y maestro de Aristóteles",[209] entre sus muchos escritos y frases célebres, dijo:

> "El amor es la alegría de los buenos,
> La reflexión de los sabios,
> El asombro de los incrédulos".[210]

Las tres declaraciones caben en este sentir de los exalumnos de la Casa Hogar "El Buen Pastor". Porque el amor que sentimos hacia nuestras *Madres Ejemplares* es un amor que:

1.- Nos causa alegría.

Nos causa alegría porque somos afortunados de poder tener unas madres como lo fueron las señoritas Elena Santiago y Myrtle May Paulsen. ¡Esto es motivo de alegría! No es que todos los miembros de la Familia del *Hogar* seamos buenos, no, no es eso el motivo de la alegría; algunos fuimos perversos e ingratos, sencillamente por el hecho mismo de haber sido arropados por el amor de las *Madres Ejemplares*, por ese mismo hecho, es que nos causa alegría.

---

[209]   Wikipedia, la enciclopedia libre. *Platón.* (La Habra, California. Internet. Consultado el 4 de enero del 2020), ¿? https://www.google.com/search?gs_ssp=eJzj4tDP1TcwLczNMmD0Yi_ISSw5vDkPADjtBql&q=plat%C3%B3n&rlz=1C1GCEA_enUS764US764&oq=Plat%C3%B3n&aqs=chrome.1.0i355i457j46j0l6.10577j0j15&sourceid=chrome&ie=UTF-8

[210]   Pensamientos del Corazón. *Platón.* (La Habra, California. Internet. Frase enviada por Héctor Leal por Messenger a mi correo electrónico. Consultada el 4 de enero del 2020), ¿? https://www.facebook.com/tany67/posts/el-amor-es-la-alegria-de-los-buenosla-reflexion-de-los-sabiosel-asombro-de-los-i/615153499328212/

2.- La reflexión de los sabios.

Cualquier ser humano prudente y sabio se tiene que preguntar: ¿qué les motivó a estas dos mujeres entregar casi toda su vida a una causa tan noble y admirable? ¿Qué les motivó a estar casi encerradas o encuarteladas dedicadas al cuidado, educación y motivación de hijos e hijas que no eran biológicamente de ellas? El sabio se dirá así mismo: ¡El amor!

3.- El asombro de los incrédulos.

¿Solo por amor? ¿Acaso no había otro motivo para estar al cuidado de infantes? Estas son solo dos de las preguntas de los incrédulos. Sus preguntas son lógicas, pues estas dos mujeres: Elena Santiago y Myrtle May Paulsen, estuvieron casi toda su vida entregadas a una causa en la que no tenían seguranza de vida; no tenían un salario monetario; no tenían un retiro de jubilación, ni siquiera tenían la seguridad de que fueran amadas y respetadas por los que estaban cuidando. El incrédulo se preguntará: ¿En verdad era Dios quien las ayudaba en todo? ¿Era Dios que les daba de su amor para que ellas pudieran amar incondicionalmente como se supone que lo hicieron? Dentro de la lógica humana, ¡esto no es posible!

Sin embargo, para nosotros, los miembros de la Familia del *Hogar*, el amor de nuestras *Madres Ejemplares* lo podemos aun sentir en nuestras vidas y, en estas sencillas y muy escuetas palabras, su amor, lo podemos expresar, diciendo:

Madres Ejemplares;

Este es nuestro sentir:

IRENE MELCHOR REYNOSO. Nací en un pueblo de nombre Chapultec, Michoacán, muy cerca del Lago de Pátzcuaro, Michoacán. Llegué a la Casa Hogar *"El Buen Pastor"* en 1964. Permanecí en esta hermosa institución durante quince años: Es decir que estuve desde el año 1964 hasta el año 1979.

Durante los quince años que pase en la Casa Hogar, fueron una bendición de Dios. En este lugar fui tratada como una verdadera hija, aunque no era biológicamente hija de ninguna de las dos señoritas Elena y Paulsen, aun así. ¡Fui tratada como si lo fuera! Ellas fueron mis *Madres Ejemplares.*

Durante los quince años que pase en este *Hogar,* nunca me falto nada; amor, cariño, apoyo, educación, vivienda y una guía bíblica fueron las armas con que me lanzaron a la vida.

MERCEDES VILLA. Llegue a la Casa Hogar *"El Buen Pastor"* en la ciudad de Morelia, Michoacán, a la edad de casi seis años y salí de ella a los diecinueve. Fue una gran bendición haber estado en la Casa Hogar.

El cuidado de las señoritas Paulsen y Elena que tuvieron para mí fue de gran ayuda y bendición. Ellas me inculcaron buenos principios y el amor a Dios. En la Casa Hogar, pase mis mejores años al cuidado amoroso de mis *Madres Ejemplares.*

Uno de mis textos favoritos es: "Por tanto, imiten a Dios, como hijos muy amados, y lleven una vida de amor, así como

Cristo nos amó y se entregó por nosotros como ofrenda y sacrificio fragante para Dios" Efesios 5:1-2, (NVI).

Moisés Arroyo Martínez. Estoy muy agradecido por las enseñanzas recibidas en este *Hogar.* Una de las cosas que aprendí fue a ser responsable y honrado.

Estuve en la Casa Hogar *"El Buen Pastor"* de la ciudad de Morelia durante los años 1963 hasta el 1960. Fue poco tiempo, pero en esos pocos años experimenté el gran amor de nuestras *Madres Ejemplares.*

REFUGIO CASTRO ORDAZ. Después de que Dios llamó al merecido descanso a nuestras *Madres Ejemplares,* la hermana Refugio Castro Ordaz se hizo cargo de la Administración y cuidado de la Casa Hogar *"El Buen Pastor"* en la ciudad de Morelia. Su ministerio como Directora de la Casa Hogar fue durante los años 1993 hasta el año 2003.

La hermana Refugio no es exalumna de la Casa Hogar *"El Buen Pastor"*. Llegó para trabajar como misionera en la pesada tarea de ministrar a los más pequeños.

NELLY PÉREZ MÉNDEZ. Cuando llegué a la Casa Hogar *"El Buen Pastor"* en la ciudad de Morelia, Michoacán, tenía como ocho años de edad. Actualmente tengo cincuenta y cinco y aun el amor y el recuerdo de mis *Madres Ejemplares* están en mi vida. Mi opinión sobre mis madrecitas hermosas es que creo que mi Dios las puso ahí como dos ángeles terrenales para que nos dieran amor a niñas como yo que no sabía que era un amor de madre.

Ella me dieron un amor de madre que nunca lo tuve fuera del *Hogar*. El Señor las puso allí en la Casa Hogar para que con todo su amor borraran tanta crueldad que a temprana edad había yo vivido. Por todo su amor y cuidado les doy gracias a mis madrecitas hermosas. ¡Gracias por todo lo que nos dieron! Actualmente Vivo en Orizaba Veracruz.

NOEMÍ MELCHOR R. Llegue como de cinco años a la Casa Hogar *"El Buen Pastor"* en la hermosa la ciudad de Morelia, Michoacán. Antes de terminar mis estudios de la Educación Primaria dejé la Casa Hogar. Durante ocho meses estuve afuera.

Regresé para terminar mis estudios primarios. A los dieciséis años dejé nuevamente la Casa Hogar pues me interné en el *Sanatorio La luz* de la ciudad de Morelia para estudiar Enfermería.

Para mí, estar en la Casa Hogar *"El Buen Pastor"* me cambió la vida. De la señorita Paulsen (Polsiton) puedo decir que es la mujer más extraordinaria y versátil que he conocido, ya que lo mismo le daba hacer cosas rudas como trabajar en la huerta que hacer cosas tan finas como tocar instrumentos musicales; ella tocaba seis instrumentos musicales al igual que hacer un delicioso pan. Su manera de enfrentar la vida, su entrega incondicional, su amor por los niños, pero sobretodo su amor a Dios, al igual la señorita Elena Santiago, quien no podría ser menos importante, fueron de gran impacto en mi vida.

La señorita Elena, también, fue para mí importante por su manera de enseñarnos las historias bíblicas, fue con ella que aprendí gran parte de los textos bíblicos que no he olvidado. Creo que, por decir algo, ambas – Señorita Paulsen y Señorita Elena -, fueron un binomio perfecto usadas por Dios en mi vida y en la vida de mis hermanos y hermanas de la Casa Hogar *"El Buen Pastor"*.

Hoy, que ya estoy jubilada, después de ejercer mi trabajo como enfermera en el *Seguro Social de México*, vivo con mi familia en la ciudad de Izcalli, Estado de México, recordando continuamente el amor de aquellas *Madres Ejemplares* que moldearon mi vida.

RUTH E. FABIÁN estuve en la casa Hogar El buen Pastor de 1967 hasta 1988. Mi segunda madre fue Polsiton, ella me crio desde que nací. Desde pequeños tuvimos una buena enseñanza bíblica; en esa educación tuvimos la memorización de versículos que hasta la fecha no se han borrado de mi mente, y como dice su palabra Instruye al niño en su camino y aun cuando fuere viejo no se apartará de él,[211] así sucede conmigo, no me he apartado del Camino.

Lo que más impacto ha tenido en mi vida de las dos señoritas, es verlas orando fervientemente, a veces iba al cuarto de Polsiton y ahí estaban de rodillas orando. ¡Ellas eran en verdad unas *Madres Ejemplares*!

Ellas estaban solas en Morelia, Michoacán; sus familias estaban lejos y sin embargo Dios era su "FORTALEZA", a él acudían en todo momento y Dios nunca las abandonó o les falló. Estoy agradecida, con Dios primero y, después con las dos señoritas. Mi agradecimiento es por haber tenido el privilegio

---

[211]   Proverbios 22:6.

de estar en la Casa Hogar: *"El Buen Pastor"*. Soy salva por la gracia de Jesucristo y sé que un día volveré a ver a las dos señoritas por la eternidad. ¡GRACIAS DIOS!

SARITA AGUILAR FERNÁNDEZ.
Llegué a la Casa Hogar *"El Buen Pastor"* en 1953, tenía ocho años de edad y salí de ella en 1957 a la edad de 12 años. Es decir que estuve viviendo en la Casa Hogar durante cuatro años. Durante esos años disfruté de la ayuda y el gran amor de la Señorita Elena Santiago López y de la Señorita Myrtle May Pausen.

Las acertadas enseñanzas bíblicas de la señorita Elena Santiago cada mañana, en el Tiempo Devocional en el comedor, me fortalecieron, me inspiraron y motivaron en mi espíritu.

Aunque estuve fuera de la Casa Hogar, nunca dejé de tener contacto con el *Hogar*, pues mi mamá me llevaba a las juntas de los exalumnos que se realizaban en la ciudad de México.

Visitaba la Casa constantemente de tal manera que siempre estuve al tanto de lo que pasaba en la Casa Hogar.

En mi participación activa en el *Hogar*, fui parte del Patronato y, en el año 2002, por la necesidad de una persona encargada de la administración de la Casa Hogar, tome la dirección de ella. Fue un ministerio que lo realice por la gracia de Dios hasta el mes de junio de 2013.

La Casa Hogar *"El Buen Pastor"* en la ciudad de Morelia, Michoacán fue para mí el llamado de Dios para servirle en su Reino. El carácter indomable de la señorita Paulsen me motivo a servir al Señor Jesucristo. Creo que esta es una de las razones por las cuales tuve el valor de servir a mi Dios como Directora de la Casa Hogar *"El Buen Pastor"* en la ciudad de Morelia, Michoacán durante diez hermosos años. (2003 al 2013).

Para mí, Las señoritas Myrtle May Paulsen (*Polsiton*) y Elena Santiago López (*La Sunta*) fueron grandes mujeres consagradas al Señor desde su llamado por el Señor Jesucristo hasta el fin de sus días. Por lo cual, considero que fueron mujeres de Dios inigualables: ¡Fueron excelentes *Madres Ejemplares*!

ELOÍSA ENRÍQUEZ SIXTOS. Me recibieron en la Casa Hogar *"El Buen Pastor"* de la ciudad de Pátzcuaro, Michoacán a la edad de seis meses. Poco tiempo después, la Casa Hogar se cambió a la ciudad de Morelia, Michoacán.

En la nueva Casa Hogar no había lugar para todos. Los que teníamos un familiar fuimos a vivir con ellos, yo fui una de las niñas que dejamos el *Hogar* cuando tenía ocho años de edad. En los años 1965 y 1966, le pedí ayuda a Polsiton porque yo quería estudiar pero mi mamá me lo impedía.

La Señorita Paulsen me recibió como ayudante en la cocina y por las tardes/noches estudié como yo quería hacerlo.

Fue en ese tiempo, mientras colaboraba en la Casa Hogar que recibí a Jesucristo como Salvador personal. Poco después nació mi deseo de servirle, aunque no era todavía el tiempo. Visualizaba la posibilidad de servir a Dios en la Casa Hogar o en cualquier otro lugar que fuera del agrado de Dios. Poco a poco, Polsiton me fue mostrando más confianza hasta que me convertí en su brazo derecho.

Por presión de una compañera de la Casa Hogar deje mi responsabilidad y me fui a vivir con mi hermana Catalina.

En 1969, le volví a pedir apoyo a Polsiton para que me recomendara como estudiante en el *Sanatorio La Luz* en la ciudad de Morelia. Allí, gracias al apoyo de Polsiton pude terminar mi carrera de Enfermería.

En 1985 fui aceptada como miembro de la Asociación Civil de la Casa Hogar "El Buen Pastor", y comencé de nuevo a servir en ella, especialmente ayudando a la Señorita Elena cuando Polsiton salía de vacaciones. Para apoyar más el *Hogar* y a las Señoritas Elena y Paulsen, me trasladé a la ciudad de Morelia, pues trabajaba en la ciudad de México, con el fin de apoyar más de cerca a las señoritas que ya tenían más de ochenta años de edad. En esta ayuda, prácticamente me tocó resolver el sepelio de la señorita Elena quien falleció a los noventa y un años de edad el 13 de diciembre de 1994.

Hoy, por la gracia de Dios, estoy cumpliendo de tiempo completo con el llamado de Dios como directora de la Casa Hogar *"El Buen Pastor"* en la ciudad de Morelia; estoy sirviéndole a mi Señor Jesucristo en el *Hogar* que me brindó mucho apoyo y mucho amor por parte de las señoritas Elena Santiago López y Myrtle May Paulsen, a quien Eleazar Barajas ha llamado acertadamente: *Madres Ejemplares.*

IRMA ARMENGOD HERNÁNDEZ. Estuve en la Casa Hogar *"El Buen Pastor"* durante los años 1965 hasta el 1970. Durante esos cinco años que estuve en el *Hogar* aprendí mucho sobre el carácter cristiano, pues las señoritas Elena y Paulsen me lo enseñaron. Estoy muy agradecida por las vidas de las señoritas Elena Santiago y Myrtle May Paulsen que por esos cinco años de mi vida fueron mis *Madres Ejemplares.*

BALTAZAR MALDONADO. Mis padres me internaron en la casa Hogar *"El Buen Pastor"* en la ciudad de Pátzcuaro, Michoacán cuando era un niño. En esta institución me criaron, me cuidaron y me educaron para que fuera un hombre con una moral correcta.

Con el apoyo de las señoritas Elena Santiago y Myrtle May Pausen, logré terminar mis estudios profesionales y hoy, por la gracia de Dios, soy profesor jubilado.

Como ven en mi fotografía, soy uno de los primeros niños que las señoritas Elena y Paulsen abrazaron.

Estuve ayudando a mis *Madres Ejemplares*, por muchos años, en la educación de los niños y niñas de la Casa Hogar en la ciudad de Morelia, hasta que, por causa de mi edad, salí del *Hogar* para vivir con mi familia de sangre por un tiempo en la ciudad de Morelia.

Estoy muy agradecido con Dios por haberme puesto en las manos de las dos *Madres Ejemplares* que me formaron con una vida integral.

MARGARITA ARROYO PEREDA. Estuve en la Casa Hogar durante seis años – del 1971 al 1977 -. Fueron años por los que le doy gracias a Dios por haber permitido estar bajo el cuidado y mucha atención de las señoritas Elena y M. M. Paulsen a quienes considero como unas verdaderas *Madres Ejemplares.*

REBECA ARROYO PEREDA. Al igual que Margarita, estuve también seis años en la Casa Hogar *"El Buen Pastor"*. Es decir desde el año 1971 hasta el 1977.

Para mí, el hecho de estar poco tiempo pero de mucho provecho, es un gran motivo de darle gracias a Dios, y a las señoritas Elena Santiago y Myrtle M. Paulsen, por el amor incondicional que me mostraron. Ellas fueron para mí, unas verdaderas *Madres Ejemplares.*

ISRAEL BARAJAS HERNÁNDEZ. Mis mejores tiempos fueron en este hogar. Mi padre, junto con mi hermano Eleazar Barajas, nos internó en esta Casa Hogar *"El Buen Pastor"* en el año 1959. Salí del Hogar en el año 1967. Nunca me he olvidado del amor de aquellas *Madres Ejemplares*: Señorita Elena Santiago López y señorita Myrtle May Paulsen.

Herlinda Enríquez Sixtos. De mi estancia en el *Hogar* me acuerdo que, mis compañeras en la Casa Hogar *"El Buen Pastor"* fueron Elvia y Eunice García, Consuelo Valadez, Evangelina y Ester Flores. De los otros no me acuerdo mucho de ellos o ellas, aunque también ellos y ellas son parte de mi Familia del *Hogar*.

Me internaron en la Casa Hogar *"El Buen Pastor"* en la ciudad de Pátzcuaro, Michoacán. El tiempo que viví en la Casa Hogar fue de ocho años; desde el año 1951 hasta el 1959. Ya desde ese tiempo se podía notar que las dos mujeres que Dios había puesto en el *Hogar* eran una verdaderas *Madres Ejemplares*.

ANDRÉS MARTÍNEZ VÁZQUEZ. Fui uno de los primeros en vivir en la Casa Hogar *"El Buen Pastor"*.

Cuando la Casa Hogar estaba en la ciudad de Pátzcuaro, Michoacán en el año 1936, siendo un bebe, me internaron en esta institución. Soy originario de Guanajuato, México.

La razón por la que me internaron fue porque mi mamá murió cuando yo nací.

En la Casa Hogar de Pátzcuaro estuve primeramente bajo el cuidado del señor Juan – desconozco su apellido-, él era el encargado de los niños. La Señorita Paulsen era la encargada de las niñas.

Durante la dirección de la Casa Hogar *"El Buen Pastor"* por las señoritas Myrtle May Paulsen y Elena Santiago López – sin hacer de menos a las que han seguido este hermoso trabajo -, fue una dirección excelente. Admiré mucho a la Señorita Elena por su carácter; una persona de mucho ejemplo y de una decisión firme; por algo llegó a ser una *Madre Ejemplar*.

Después de vivir en la Casa Hogar mis primeros ocho años de vida, salí de ella en 1944 para vagar por el mundo. No estudie nada, me dediqué a trabajar. Hoy vivo en la ciudad de Dallas, Texas y, como una pequeña muestra de gratitud, ayudo económicamente a la Casa Hogar en lo que más puedo.

SOFÍA ARMENGOD HERNÁNDEZ. Yo también estuve en la Casa Hogar *"El Buen Pastor"*, el mismo tiempo que mi hermana Irma. Doy gracias a Dios por haber estado en esta Casa. Este *Hogar* y sus amorosas directoras: Elena Santiago López y Myrtle May Paulsen, me ayudaron para seguir el camino de Dios, como unas verdaderas *Madres Ejemplares*.

ALICIA MARTÍNEZ RICO. Fui feliz en este hogar. Estuve en la Casa Hogar durante nueve años. Entré en el año 1941 y salí del *Hogar* en el año 1950. No me cabe la menor duda de que las señoritas Elena Santiago y Myrtle M. Paulsen, fueron en verdad, *Madres Ejemplares*.

EFRAÍN MELCHOR REYNOSO. Llegué a la Casa Hogar *"El Buen Pastor"* en el año 1964 y salí en 1970. Junto con mis hermanas Irene y Noemí, reconocemos que las señoritas Elena y Myrtle fueron unas verdaderas *Madres Ejemplares*.

ELIZABETH MORALES ARIAS. Gracias a Dios por la Casa Hogar *"El Buen Pastor"*, la cual ha sido de bendición para muchas generaciones. Yo estuve en esta institución durante nueve años; es decir, desde el año 1947 hasta el 1956.

DIOCELINA RAMÍREZ AGUIRRE. El haber estado en la Casa Hogar *"El Buen Pastor"*, fue el mejor tiempo de mi vida. Yo estuve viviendo en el *Hogar* durante ocho años (1977-1985).

Durante esos ocho años, las señoritas Elena Santiago López, con su fuerte carácter y firmeza, y Myrtle May Paulsen con su dulce hablar y mirada tiene, ambas, fueron para mí, una verdaderas *Madres Ejemplares.*

HILDA RAMÍREZ AGUIRRE. Yo estuve en la Casa Hogar *"El Buen Pastor"* desde el año 1977 hasta el 1984, es decir, que viví bajo el amparo y cuidado amoroso de las señoritas Elena Santiago López y Myrtle May Paulsen durante siete años.

Durante esos siete años en la Casa Hogar, ¡fue el mejor tiempo de mi vida! ¡Ellas fueron mis *Madres Ejemplares*! Aun hoy día, las considero tal y como ellas fueron para cada uno de los miembros de la Familia del *Hogar*: ¡*Madres Ejemplares*!

ISABEL SOTO DURAN. Estuve en la Casa Hogar *"El Buen Pastor"* en la ciudad de Morelia desde el año 1967 hasta el 1971. Aunque solamente estuve en este *Hogar* cuatro años, tengo muy buenos recuerdos. Uno de ellos es que siempre consideré, y las sigo considerando, a las señoritas Elena y Paulsen como mis *Madres Ejemplares.*

ALFONSO VILLEGAS ARREOLA. Los diez años que viví en la Casa Hogar *"El Buen Pastor"* fueron los años más hermosos de mi vida y sobretodo, en este *Hogar* conocí a Dios como mi Señor y Salvador personal. Los diez años fueron desde 1972 hasta 1982.

MARIBEL RAMÍREZ AGUIRRE. El haber estado conviviendo con la Familia de la Casa Hogar *"El Buen Pastor"* en la ciudad de Morelia, Michoacán, fue lo mejor que me pudo haber pasado. ¡Gracias a Dios!

Durante los años 1977 hasta 1986, es decir, durante nueve hermosos años, recibí una preparación empapada de amor y mucho cuidado de parte de las señoritas Elena Santiago López y de Myrtle May Paulsen que, me ha servido para enfrentar la vida fuera del Hogar. Ellas fueron Madres Ejemplares que, por la gracia y sabiduría de Dios, supieron prepararme para la vida.

ELPIDIO RAMÍREZ HERNÁNDEZ. Estuve en la Casa Hogar *"El Buen Pastor"* de la ciudad de Morelia, Michoacán durante diez años: desde 1972 hasta 1982. Fueron día años en los que aprendí que la vida es más dichosa al lado de Dios y siendo dirigidos por *Madres Ejemplares*, como las señoritas Elena y Paulsen.

JOSÉ JESÚS ROCHA. Me internaron en la Casa Hogar *"El Buen Pastor"* en la ciudad de Pátzcuaro, Michoacán, en el año 1952 cuando tenía dos años de edad y, salí del *Hogar* en 1974.

Estuve internado en este hermoso lugar durante veintidós años. Algunos de mis contemporáneos fueron mis hermanos Carmen Sánchez y Cenobio Sánchez, Eloísa Enríquez y Samuel Valadez.

La llegada a la Casa Hogar me salvo la vida, pues, mi madre, mientras estaba lavando en los lavaderos de ese entonces, se descuidó y me caí de cabeza sobre el piso de piedra. La herida fue tan grande que hasta la fecha me duele. Mi madre nunca me llevó al doctor.

Puedo decir acertadamente que la señorita Paulsen; como *Madre Ejemplar*, fue la que me salvó la vida. Ella me curó, me llevó al doctor y me enseñó a caminar, porque aun a esa edad no caminaba. La señorita Paulsen me restauró: ¡Me volvió a la vida!

Por causa de mi incapacidad – problemas cardiacos – no puedo hacer mucho por la Casa Hogar, en gratitud por todo lo que hizo por mí, solamente puedo estar orando para que Dios

siga bendiciendo este hermoso y magnifico Hogar llamado:
Casa Hogar "*El Buen Pastor*".

CARMEN SÁNCHEZ ROCHA. Ingresé a la Casa Hogar "*El
Buen Pastor*" en la ciudad de Pátzcuaro, Michoacán en 1953,
un año después de que mi hermano "Chuy" (José Jesús Rocha)
fue internado y, salí del Hogar en 1966.

Durante los trece años que viví en la Casa Hogar de
Pátzcuaro y de Morelia, fueron años de gran bendición. Estoy
muy agradecida con Dios por haber sido internada en esta Casa,
todo lo que me enseñaron las señoritas Paulsen y Elena fue de
gran bendición para mi vida.

HUGO RAMÍREZ AGUIRRE. Estuve en la Casa Hogar "*El
Buen Pastor*" durante solamente tres años – 1977-1980-. Para
mí, todo lo que se está haciendo en esta Institución está muy
bien hecho. La formación integral con la cual me dirigieron,
fue excelente.

LIBERTAD RAMÍREZ AGUIRRE. La Casa Hogar "*El Buen
Pastor*" de la ciudad de Morelia, fue el lugar que Dios me dio
para vivir grandes experiencias con Dios y con las *Madres
Ejemplares*: Elena y Myrtle. Viví en la Casa Hogar durante
cinco hermosos años; desde 1977 hasta 1982.

**MARÍA DOLORES GUDIÑO
PURECO.** Estuve en la casa Hogar
"*El Buen Pastor*" en las ciudades de
Pátzcuaro y Morelia Michoacán. Mi
padre me llevó el 30 de abril de 1939
a la Casa Hogar porque mi madre
murió cuando yo nací. Fui recibida
en el "*Hogar*" cuando tenía treinta
días de nacida. Desde esa edad, me

cuidó la señorita Paulsen (Polsiton). Le doy muchas gracias a Dios por el cuidado y la educación que recibí, en especial, de parte de ella. También le doy gracias a Dios por haber estado en esta casa Hogar: *"El Buen Pastor"*.

FERNANDO ENRÍQUEZ SIXTOS. Siendo aún bebé me dejaron en la puerta de la Casa Hogar en 1974. Fui adoptado por la hermana Eloísa la cual me dio sus apellidos.

Mi estancia en la Casa Hogar *"El Buen Pastor"* me ha permitido ser colaborador durante la administración de las señoritas Paulsen y Elena en los años 1992 y 1994; colaborador con la hermana Refugio (*Cuca*) durante el tiempo que ella fue la directora de este *Hogar*; es decir, durante los años 1998 hasta 2003. Después seguí colaborando bajo la administración de la hermana Sara Aguilar durante siete años; es decir desde el 2003 hasta el 2010.

Bajo la administración de mi madre adoptiva, Eloísa Enríquez (actual Directora de la Casa Hogar), sigo colaborando aunque no de una manera directa. Este es mi *Hogar*; este es el lugar donde me educaron y al cual seguiré ayudando mientras pueda hacerlo.

RUTH ORTIZ VILLA. Tal vez una de las primeras niñas en ser bendecida por la presencia amorosa y dedicación incondicional al servicio de Dios sea yo. Entré a la Casa Hogar *"El Buen Pastor"* en la ciudad de Pátzcuaro, Michoacán en el año 1931, dos años después de que Polsiton llegara a México y comenzara su ministerio entre nosotras.

Le agradezco a Dios por tantas bendiciones recibidas y por las grandes y maravillosas experiencias vividas en la Casa Hogar al lado de dos grandes mujeres de Dios que bien se han ganado el título de *Madres Ejemplares*.

Los dieciséis años de mi vida que pase en la Casa Hogar han sido los mejores de todos los años que Dios me ha permitido vivir. Salí del *Hogar* en el año 1947 bien equipada con los sabios consejos de las señoritas Paulsen y Elena. ¡Gracias a Dios por sus vidas! ¡Sus vidas y vivencias fueron de gran bendición a mi vida!

ALICIA MARTÍNEZ RICO. Entré a la Casa Hogar *"El Buen Pastor"* en la ciudad de Pátzcuaro, Michoacán en el mes de febrero de 1941. Mientras estuve viviendo en el *Hogar* estudie la Primaria en la *Escuela Vasco de Quiroga*; después estudie la Secundaria en la *Escuela Lázaro Cárdenas*. Mi deseo era estudiar Enfermería pero como era menor de edad cuando terminé mi Educación Secundaria no me aceptaron en la *Escuela de Enfermería*, por lo tanto, me quedé en la Casa Hogar ayudando a la Señorita Elena Santiago.

Mi principal ayuda fue lavando la ropa de los niños y niñas del internado.

Salí de la Casa Hogar en el año 1958 a la edad de diecisiete años para estudiar Enfermería. Durante esos diez años que estuve en la Casa Hogar, el amor incondicional y el apoyo humano y divino que me mostraron las señoritas Myrtle May Paulsen y Elena Santiago López, aunque eran muy jóvenes en ese entonces, fue la plataforma que me ha sostenido hasta la fecha.

Todavía, ahora que tengo ochenta y cinco años de edad (2018), estoy muy agradecida con Dios por haber puesto a las dos siervas suyas en mi camino. ¡Gracias a Dios por esas *Madres Ejemplares*! ¡Gracias señoritas Paulsen y Elena por su dedicación a mi persona y a los cientos de niños y niñas que también han sido bendecidos con su servicio al Señor Jesucristo!

Comentarios de algunos de los hijos de la Casa Hogar "*El Buen Pastor*", sobre esta fotografía, dicen:

Armando Coronel García. Mi gran familia, ¡que orgullo me da el haber estado ahí en la Casa Hogar "*El Buen Pastor*"! No cabe duda, la fotografía ablando su propia historia. Recuerdo muy bien ese gran día cuando la tomó el señor Maca Zaga. Un saludo a todos y que Dios los bendiga por siempre.

Cuando quiero estar con ustedes veo la fotografía y así los tengo a todos sin andarlos buscando. Los quiero a todos sin excepción alguna.

Israel Barajas Hernández. ¡Qué momentos! ¡Qué tiempos tan bonitos que pasé en la Casa Hogar "*El Buen Pastor*" con mis compañeros Moisés Flores "el pingüino", Moisés Arroyo, Armando Días, Moisés Corona, Esperanza Días, Rita Olvera, y muchos más que estuvieron conmigo en este hermoso Hogar. ¡Dios los siga conservando!

Cesar Lucatero. Saludos a Poncho, Raúl, Aniceto, a todos los Hernández. Por supuesto a Damián y familia.

*__María Villegas.__ Erika Ramírez A, ¿te acuerdas que chismosa eras? ¡Todo ibas y le decías a Polsiton!!

*__Hilda Ramírez Aguirre.__ Si, eres la más chiquitilla.

*__Rebeca Arroyo Pereda.__ Ontoy yo, auch creo que no estoy. Buuuu no me pelaron o ya me había salido de la Casa Hogar.

*__Hilda Ramírez Aguirre.__ ¡La de pantalón morado soy yo!

*__Petra Gaspar.__ ¡Gracias Chepina por poner estos hermosos recuerdos!

*__María Villegas.__ Erika, ¿te acuerdas cuando te peinaba Polsiton?

*__María Villegas.__ ¿A poco no te acuerdas?

*__María Villegas.__ Esta fotografía fue en 1979, porque yo estoy en ella.

*__Sara Bautista Estévez.__ ¿De qué año es esta foto? Porque yo estuve de 1976 al 1985.

*__Cesar Lucatero.__ ¡Qué afortunados fuimos los que pudimos compartir en esa Casa Hogar! Yo soy Cesar Lucatero y viví con mis Hermanos en la Casa Hogar "__El Buen Pastor__" como nueve años y, ¡fue lo mejor que nos pudo haber pasado! Nosotros la Familia Lucatero, estuvimos viviendo en la Casa Hogar desde el año 1981 hasta el 1989.

SARITA AGUILAR FERNÁNDEZ
En la Casa Hogar con algunos de los niños y niñas del
hogar en los primeros años de este siglo.

Niños de la Casa Hogar "El Buen Pastor" de la ciudad
de Morelia, Michoacán, México en el año 2017.

FINALMENTE

En verdad, quien me encuentra halla la vida
y recibe el favor del Señor.
Proverbios 8:35, (NVI).

No es que sea lo último que se puede escribir de la Misión que fue iniciada por el Doctor Alfred Benjamín De Ross, Los Misioneros: John Thomas y su esposa Nancy, y que fue desarrollada por las señoritas Myrtle May Paulsen, Elena Santiago López, Refugio Castro, Sarita Aguilar Fernández y Eloísa Enríquez Sixtos. Todos y todas, realizaron en la Casa Hogar *"El Buen Pastor"* una Misión a largo alcance; una misión que ha estado funcionando por más de 90 años.

En páginas anteriores he mencionado que si cada uno de los miembros de la Familia de la Casa Hogar escribiera sus experiencias y sus apreciaciones sobre estas dos *Madres Ejemplares: Señoritas Elena Santiago López y Myrtle May Paulsen,* y sobre las otras mujeres de Dios que tuvieron la valentía de tomar la administración de la Casa Hogar: La hermana Refugio Castro Ordaz, Sara Aguilar Fernández y Eloísa Enríquez Sixtos, la Casa Hogar, tendría suficiente literatura histórico\biográfica acerca del ministerio de cada una estas Guerreras de Dios.

Cuando digo *"Guerreras de Dios"* – específicamente hablo de la señorita Elena Santiago (La Sunta), y de la señorita Myrtle May Paulsen (*Polsiton*). Claro está, sin descartar a las que formaron o forman la lista de las *"Guerras de Dios"* en la Misión de la Casa Hogar *"El Buen Pastor".* Sin embargo, al hacer énfasis en las dos primeras es porque en su misión de *Madres Ejemplares,* nunca se desanimaron "en el cumplimiento de la gran tarea que Dios les encomendó"[212]. Fue un mandato directamente del corazón del Señor Jesucristo. El deseo del Señor para ellas fue el cuidado, la educación, la transformación espiritual y la fortaleza del Espíritu Santo para que cada uno de los que estuvimos en la Casa Hogar "*El Buen Pastor*", fuéramos educados integralmente por las *Madres Ejemplares*.

"Danny Thomas insistía en que 'todos hemos nacido por una razón, pero no todos descubrimos el porqué. El éxito en la vida nada tiene que ver con lo que ganas en ella o logras para ti. Es lo que haces por los demás".[213] Aunque las señoritas Paulsen y Elena se ganaron el título de *Madres Ejemplares* por sus admirables labores en las Casas Hogares - una en la ciudad de Pátzcuaro y la otra en la ciudad de Morelia, Michoacán -, la verdad es que sus éxitos es todo aquello que hicieron por nosotros en los momentos en que más necesitábamos de cariño, amor, cuidado, educación y aliento para ser exitosos en el mundo que nos ha tocado vivir.

En la Segunda Carta que el apóstol Pablo mandó a los hermanos de la ciudad de Corinto, les habló acerca del ministerio que estaba realizando juntamente con su equipo misionero y les dijo: "Como ven, no andamos predicando acerca de nosotros mismos. Predicamos que Jesucristo es Señor, y nosotros somos siervos de ustedes por causa de Jesús".[214] El enfoque que da el apóstol es Jesús no ellos. Es como si dijera, si quieren ver a Dios y lo que él está haciendo, vean a Jesús.

Pablo se recuerda que Cristo en cierta ocasión dijo: "El que me ha visto a mí ha visto al Padre".[215] En ese contexto, "cuando Pablo predicaba, no decía: '¡Miradme a mí!', sino: '¡Mirad a

---

[212]   William Barclay. *Comentario al Nuevo Testamento: Volumen 9: Corintios.* (Terrassa (Barcelona), España. Editorial Clie. 1996), 235.

[213]   John C. Maxwell. *El mapa para alcanzar el éxito: usted puede llegar allá desde acá.* (Nashville, Tennessee. Grupo Nelson. 2008), 17.

[214]   2 Corintios 4:5, (NVI).

[215]   Juan 14:9, (NVI).

Jesucristo!"".[216] Este fue el mismo sentir de las señoritas Myrtle May Paulsen y Elena Santiago López. Ellas se escondieron siempre bajo la "sombra del Omnipotente"[217] para que todos miráramos a Dios en sus vidas y ministerios. ¡Y sí que lo vimos! Recordemos que uno de los grandes objetivos de estas *Madres Ejemplares* que ya he mencionado en este libro, aparte de entregarse directamente a Dios, fue el dar toda su vida para que la niñez mexicana tuviese un hogar, una madre o padre, una educación que hiciera de esa pequeña persona un adulto con buenos principios morales y espirituales; en este objetivo se gastaron para Dios y para nosotros, los hijos e hijas de la Casa Hogar *"El Buen Pastor"*.

Tanto la Señorita Myrtle May Paulsen como la Señorita Elena Santiago López se dieron "perfecta cuenta que si una persona está dispuesta a asumir la vida de Cristo tiene que estarlo también a asumir sus riesgos; y si quiere vivir y servir a Cristo tiene que estar dispuesta a morir con Él".[218] El apóstol Pablo se dio cuenta de esta decisión y por eso dijo: "Todo esto es para beneficio de ustedes, y a medida que la gracia de Dios alcance a más y más personas, habrá abundante acción de gracias, y Dios recibirá más y más gloria".[219]

A través de estos más de Noventa Años de la Casa Hogar "El Buen Pastor", existe "abundante acción de gracias", y Dios sigue recibiendo "más y más gloria" porque dos de sus Guerreras: Paulsen y Elena, dieron sus vidas "para el beneficio" de cada uno de los miembros de la Casa Hogar *"El Buen Pastor"*.

---

[216]   William Barclay. *Comentario al Nuevo Testamento: Volumen 9: Corintios.* (Terrassa (Barcelona), España. Editorial Clie. 1996), 237.

[217]   Salmo 91:1.

[218]   William Barclay. *Comentario al Nuevo Testamento: Volumen 9: Corintios.* (Terrassa (Barcelona), España. Editorial Clie. 1996), 241.

[219]   2 Corintios 4:15. (NVI).

El filósofo "Seneca decía que dar con duda y retraso es casi peor que no dar en absoluto".[220] Estas dos *Madres Ejemplares*, primero, no dudaron en darse a la tarea de las labores de la Casa Hogar; se entregaron con una fe increíble, la fe en Dios que siempre las sostuvo en las buenas y en las malas. Y, segundo, se dieron a nosotros; los miembros de las Casa Hogar. Su entrega fue al cien por ciento.

Esas decisiones fueron las que nos enriquecieron, nos alimentaron, nos fortalecieron y nos prepararon para ser hombres y mujeres con el potencial para enriquecer a otros; hombres y mujeres para alimentar a otros; hombres y mujeres para fortalecer a los débiles y hombres y mujeres con el potencia espiritual para hacer el bien en un mundo lleno de maldad y de confusión.

Acerca de su ministerio, Pablo, dijo: "Ustedes serán enriquecidos en todo sentido para que en toda ocasión puedan ser generosos, y para que por medio de nosotros la generosidad de ustedes resulte en acciones de gracias a Dios".[221] No existe excusa alguna para que cada uno de los miembros de la Casa Hogar *"El Buen Pastor"*, después de haber recibido el beneficio de dos vidas consumadas por cada uno de los que formamos parte de esta Gran Familia y que somos testigos de la misericordia y cuidado de Dios de *Nuestro Hogar*, durante estos más de Noventa Años, después de todo esto, en nuestras vidas debe de haber un resultado de "acciones de gracias a Dios".

Hoy más que nunca debemos darle gracias a Dios por las vidas y ministerios de las *Madres Ejemplares* que puso en nuestro camino.

"Los periódicos: *New York Post*, *The San Diego Unión-Tribune*, *Los Ángeles Times*, *La Opinión*, y revistas populares, la radio y los noticieros televisivos en inglés y en español en

---

[220] William Barclay. *Comentario al Nuevo Testamento: Volumen 9: Corintios.* (Terrassa (Barcelona), España. Editorial Clie. 1996), 281.

[221] 2 Corintios 9:11, (NVI).

252

Estados Unidos, todos ellos, el viernes 17 de agosto de 2018, reconocieron la trayectoria musical de Aretha Franklin, quien fue llamada la "*Queen of Soul*" (La reina del Soul)".[222]

Aunque la Señorita Paulsen, el 31 de diciembre de 1984, fue reconocida por su trayectoria ministerial por la reina de Inglaterra dándolo una medalla honorífica por sus cincuenta y cinco años de servicio a la niñez mexicana, ella, guardó esos aplausos y honores en el "Baúl de los recuerdos" y le dio la gloria Dios. (Miss Myrtle Paulsen was 26 years old when she left New Zealand in 1929 to care for unwanted and destitute children in Mexico. Now, 55 years later, she has become a companion of the Queen's Service Order por her work in Mexican orphanages).[223]

Es decir que, aunque ella no recibió la publicación al mismo nivel terrenal que la reina del Soul – pues no los quería -, sí fue muy bien recibida por los ángeles celestiales y por el mismo Señor Jesucristo. Este honor hecho a Polsiton, Max S. Liddle, lo describe con sus propias palabras, diciendo: "Hacia el final de su servicio en México el Gobierno de Nueva Zelanda homenajeo a Myrtle y a su trabajo con la presentación de *Queens Service Order* (QSO) (Orden de Servicio de Las Reinas).

Fiel a su personalidad Myrtle no aceptó cualquier derecho al tal honor. Sin embargo cuando nosotros le informamos que en realidad era un "honor" para Dios, entonces, ¡lo aceptó con gran alegría!".[224] Por esta razón fue para ella, en su momento de encontrarse con su Salvador Personal, estas palabras: "¡Hiciste bien, sierva buena y fiel!... ¡Ven a compartir la felicidad de tu Señor!"[225]

---

[222]   Wikipedia. La enciclopedia libre. *Aretha Franklin*. (La Habra, California. Internet. Consultado el 17 de agosto de 2018), 5. https://es.wikipedia.org/wiki/Aretha_Franklin

[223]   *Orphans Her Life's Work*. (New Zealand. New Zealand Herald. 12-31-1984),

[224]   Max S. Liddle. *The Paulsens*. Trd. Elizabeth Barajas. (Material escrito en New Zealand. No editado. 2017. Enviado por Internet el 24 de Enero de 2019 por Lawrence Paulsen), 79.

[225]   Mateo 25:21, (NVI).

"Con sus más de 40 álbumes y más de cuarenta años de carrera artística, Aretha Franklin, en 2008 fue considera "por la revista Rolling Stone como la mejor cantante de la historia".[226] ¿Y qué de Las Señoritas Paulsen y Elena? Ninguna de las dos dejó un legado musical como el que dejó Aretha Franklin, pero, si dejaron un legado maternal que, merecidamente le impuso el apodo de *Madres Ejemplares*.

Ella, pues, no dejaron un legado espiritual y un legado de música celestial en cada uno de los corazones de los que fuimos afortunados de estar conviviendo con ellas. Un legado sin precedentes y que perdura hasta nuestros días. La música cambia periódicamente; un tiempo es baladas, otro tiempo es Rocanrol, otro tiempo es para la música country, la música clásica que por mucho tiempo llenó las mentes y los corazones de las personas a nivel mundial ya casi ni se escucha. En nuestro tiempo escuchamos el sonsonete de la música Reggaetón, Hip Hop y Rap. La música que no ha pasado de moda es la ranchera; es un legado que se canta de generación en generación aunque en algunos casos tienen un ligero cambio.

El legado que dejaron las señoritas Elena Santiago y Myrtle May Paulsen, ¡es un legado que no cambia y que sigue siendo muy efectivo! El escritor del Apocalipsis hace referencia a "la perseverancia de los santos, los cuales obedecen los mandamientos de Dios y se mantienen fieles a Jesús".

El apóstol Juan, dice que escuchó una voz en los cielos "que decía: 'Escribe: Dichosos los que de ahora en adelante mueren en el Señor'. 'Sí — dice el Espíritu —,' ellos descansarán de sus fatigosas tareas, pues sus obras los acompañan".[227] Prueba de lo que dice el autor del Apocalipsis en cuanto a las señoritas Paulsen y Elena es que en el mes de agosto del año 2019, los hijos e hijas de la Casa Hogar "*El Buen Pastor*", celebramos el

---

[226] EFE. *El mundo despide a Aretha Franklin 'La Reina del Soul'*. (Los Ángeles, California. Periódico la Opinión. Viernes 17 de Agosto de 2018), 14.

[227] Apocalipsis 14:12-13, (NVI).

Aniversario 90. Es decir, celebramos las "*obras*" de nuestras *Madres Ejemplares* que hasta ese año nos "*acompañaban*".

La verdad que existe en nuestras vidas es que: ¡Su legado no ha muerto!

El legado que dejaron, también fue reconocido por los bautistas de la tierra natal de Polsiton. Es decir, los hermanos Bautistas de New Zealand consideraron el ministerio de Polsiton como el de la *Madre Teresa de Calcuta*. ("A New Zealand Baptist missionary who has worked as a 'Mother Theresa' among Mexico's destitute children for 55 years has been recognized in the New Year's Honours List. Miss Myrtle Paulsen left New Zealand and de Auckland Baptist Tabernacle in 1929 to begin missionary work in Mexico").[228] Este reconocimiento se lo hicieron cuando tenía 81 años de edad.

El pastor y escritor John MacArthur escribió un libro que tituló: *Una vida perfecta*. Es la historia completa del Señor Jesucristo. Lo que he escrito en este libro no es de vidas perfectas; las vidas de las señoritas Myrtle May Paulsen y Elena Santiago López no fueron vidas perfectas; eran tan humanas como cualquier otra mujer. Sin embargo, cuando celebramos el *90 Aniversario* de la Casa Hogar "*El Buen Pastor*", acertadamente pudimos decir que, aunque no fueron perfectas, sí, la Señorita Myrtle May Paulsen y la Señorita Elena Santiago López,…

¡Fueron Verdaderas Madres Ejemplares!

Eleazar Barajas
La Habra, California.

---

[228] *New Zealand's Baptist 'Mother Theresa'*. (New Zealand. New Zealand Herald. January of 1985), ? Max S. Liddle. *The Paulsens*. Trd. Elizabeth Barajas. (Material escrito en New Zealand. No editado. 2017. Enviado por Internet el 24 de Enero de 2019 por Lawrence Paulsen), 79.

BIBLIOGRAFÍA

Barclay, William. *Comentario al Nuevo Testamento: Volumen 9: Corintios.* (Terrassa (Barcelona), España. Editorial Clie. 1996).

Barclay. William. *Comentario al Nuevo Testamento: Filipenses, Colosenses, 1ra y 2da Tesalonicenses; Volumen 11.* (Terrassa (Barcelona), España. Editorial Vida. 1999).

Barclay, William. *Comentario al Nuevo Testamento. Volumen 13: HEBREOS.* Td. Alberto Araujo. (Terrassa (Barcelona), España. Editorial CLIE. 1970).

Beecher, Stowe Harriet. *La Cabaña del Tío Tom.* (Las Vegas, Nevada, USA. Sin casa editorial. 12 de diciembre del 2020).

Biblia de Estudio Esquemática. (Brasil. Sociedades Bíblicas Unidas. 2010).

Biblias. Versiones Reina Valera. Nueva Traducción viviente. Nueva Versión Internacional.

Brice, Luís Felipe. *Guerreras implacables.* Revista Muy Interesante. La revista mensual para saber más de todo. Sección: Mitos y leyendas. (México. Televisa Publishing International. Junio de 2018. No. 06), Muyinteresante.com.mx

Carro, Daniel, José Tomás Poe, Rubén O. Zorzoli y otros. *Comentario Bíblico Mundo Hispano.* (El Paso, Texas. Editorial Mundo Hispano. 2002).

EFE. *El mundo despide a Aretha Franklin 'La Reina del Soul'.* (Los Ángeles, California. Periódico la Opinión. Viernes 17 de Agosto de 2018).

Furman, Gloria. *Destellos de Gracia: Cómo atesorar el evangelio en tu hogar.* (Medellín, Colombia. Poiema Publicaciones. 2017).

Gabriel H. Charles. *Himnario Bautista.* (El Paso, Texas. Casa Bautista de Publicaciones. 1978).

Graham, Billy. *Aviso de tormenta.* (Miami, Florida. Editorial UNILIT. 1993).

Hoff, Pablo. *El Pentateuco.* Miami, Florida. Editorial Vida. 1978).

Internet. Diferentes consultas en diferentes días.

Kenneth, Harrison Roland. *Introducción al Antiguo Testamento: Volumen 2: El Pentateuco: Los Profetas Anteriores.* Td. Pedro Vega. (Jenison, Michigan. The Evangelical Literature League. 1993).

Liddle, Max Serwin. *The Paulsens: Paul Paulsen and His Descendants.* (Ole Paulsen- Paul Paulsen) Trd. Elizabeth Barajas. (Escrito en New Zealand, no editado. 2017). Enviado por correo electrónico desde New Zealand por Lawrence Paulsen. Enero 24 de 2019).

Maxwell, John C. *Actitud de Vencedor: La clave del éxito personal.* (Nashville, TN. Editorial Caribe. 1997).

Maxwell, John C. *El mapa para alcanzar el éxito: usted puede llegar allá desde acá.* (Nashville, Tennessee. Grupo Nelson. 2008).

New Zealand's Baptist *'Mother Theresa'.* (New Zealand. New Zealand Herald. January of 1985).

Periódicos. *La Opinión:* (Los Ángeles, California. Periódico Sección Deportes. Viernes 28 de septiembre de 2018), 29. Laopinion.com, *New York Times* (Los Angeles*), New York Post* (San Diego).

Purkiser, W. T., C. E. Demaray, D. S. Metz y M. A. Stuneck. *Explorando el Antiguo Testamento.* (Kansas City, Missouri. Casa Nazarena de Publicaciones. 1994).

Stanley F. Charles. *Biblia: Principios de Vida.* (Nashville, Tennessee. Grupo Nelson, Inc. 2010).

Sin nombre de autor. *Puedes cambiar el mundo: cien historias de personas que cambiaron el mundo ¡Tú también puedes hacerlo!* (Buenos Aires, Argentina. Editorial Peniel. 2004).

Stott, John R. W. *La predicación puente entre dos mundos.* (Gran Rapids, Michigan. Impreso en Colombia. Libros Desafío. 2000).

Tozer, A. W. *Los atributos de Dios: Volumen uno: Un viaje hacia el corazón del Padre.* Trd. María Mercedes Pérez, María del C. Fabbri Rojas y María Bettina López. (Estados Unidos de América. Casa Creación.2013).

Warren, Rick. *Una Vida Con Propósito: ¿Para qué estoy aquí en la tierra?* (Miami. Florida. Editorial Vida. 2003), 19. Jeremías 17:7-8, (NVI).

White, Elena G. *La Gran Controversia entre Cristo y Satanás. La última advertencia para un planeta en convulsión.* (Altamont, TN. Harvestime Books. 1999).

Yancey, Philip. *La oración: ¿Hace alguna diferencia?* (Miami, Florida. Editorial Vida. 2014).

Wikipedia. La enciclopedia libre. *Aretha Franklin.* (La Habra, California. Internet. Consultado el 17 de agosto de 2018). https://es.wikipedia.org/wiki/Aretha_Franklin

Printed in the United States
By Bookmasters